Besuchen Sie uns im Internet:

www.steinkopf-verlag.de

Jörg Müller ist Psychotherapeut und Pallottinerpater in Freising. Er leitet dort die Heilende Gemeinschaft, eine stationäre therapeutische Einrichtung. Er hält im In- und Ausland Vorträge und hat bisher über 40 Bücher veröffentlicht (vgl. letzte Seite).

Florian Huber ist Grafiker und lebt in Thalhausen bei Freising. Er hat mit Jörg Müller bereits einige Bücher publiziert und diese mit seinen heiteren, unnachahmlichen Karikaturen geschmückt (www.grafik-studio-huber.de).

Der Erlös dieses Buches geht ausschließlich an die Stiftung Heilende Seelsorge der Pallottiner.

Weitere Informationen zum Paulusjahr unter:
www.Triff-den-Papst.de / www.paulusjahr.de

ISBN 978-3-7984-0795-4

Cover: Florian Huber, Thalhausen
© J. F. Steinkopf Verlag GmbH, Kiel 2008

Jörg Müller

Sinnvoller leben
mit der Paulus-Strategie

Gedanken für jede Woche des Jahres

Illustrationen: Florian Huber

J. F. Steinkopf Verlag

Papst Benedikt hat für 2008 ein Paulusjahr ausgerufen. Dies soll ein Anlass sein, den römischen Wanderprediger mit der griechischen Bildung näher kennenzulernen. Es lohnt sich! Man sieht die Welt und sich selbst mit anderen Augen an, wenn man dem Völkerapostel folgt.

Dieses Buch kann Ihnen dabei helfen. Der Pallottinerpater und Psychotherapeut Jörg Müller wählte 52 Textstellen aus den paulinischen Briefen aus und kommentierte sie mit kurzen und klaren Worten. Sein Grafiker Florian Huber lieferte heitere Zeichnungen dazu. Das lässt an die Worte denken, die Paulus seiner Lieblingsgemeinde in Philippi geschrieben hat: „Freut euch im Herrn zu jeder Zeit! Noch einmal sage ich: Freut euch!" (Phil 4,4) Mit ganzer Kraft hat Paulus sich dafür eingesetzt, dass die Menschen überall in Gerechtigkeit, im Frieden und in der Freude leben können (Röm 14,17). Als ich mit dem Bischofsamt betraut wurde, habe ich meinen Dienst unter diese Devise gestellt.

Von Herzen wünsche ich allen Lesern, dass Ihnen bei der Lektüre „Friede und Freude" geschenkt werden und dass Sie diese Gottesgaben möglichst vielen weitergeben. Je mehr man mitteilt, umso mehr kann man empfangen!

Paul-Werner Scheele
Bischof em. von Würzburg

INHALT

Wer war Paulus?... 7

1. Zeugnis geben... 8
2. Geister unterscheiden 10
3. Sich nicht dem Zeitgeist unterordnen 12
4. Seine Gaben einsetzen... 14
5. Gegen den Fluch mit Segen angehen 16
6. Den Feind durch Güte besiegen 18
7. Seine Überzeugung leben 20
8. Das Zeichen des Kreuzes positiv sehen 22
9. Sich vom Geist Gottes leiten lassen....................... 24
10. Streit erst einmal untereinander klären 26
11. Sich aus Klugheit anpassen 28
12. Nicht mit Kenntnissen prahlen 30
13. Das Gottesbild überprüfen 32
14. Den Hochmut mit einem Stachel dämpfen............. 34
15. Misstrauisch bleiben gegenüber anderen Lehren 36
16. Nicht rein gesetzlich handeln................................ 38
17. Nicht zurückfallen in heidnische Bräuche 40
18. Als Christ anders leben... 42
19. Den Zotenreißern keinen Applaus geben 44
20. Sich als ritterlich erweisen.................................... 46
21. Um die rechten Entscheidungen beten 48
22. Aus Liebe den Glauben bezeugen......................... 50
23. Sich nicht vom Formalismus einengen lassen 52
24. Im Glauben ausharren.. 54
25. Dem Leid einen Sinn geben 56
26. Bei gewissen Philosophien wachsam bleiben........ 58
27. Mitunter Visionen als Illusionen entlarven 60
28. Die verschiedenen Typen unterscheiden,
    nicht bewerten 62
29. Keinen Mitmenschen versklaven 64

30. Den anderen nicht besiegen, sondern gewinnen 66
31. Wahrhaftig auftreten ohne Hintergedanken 68
32. Sich nicht auf Kosten anderer bereichern 70
33. Wachsam bleiben 72
34. Besondere Gaben sollten geprüft werden 74
35. Vergeltung nicht mit billiger Rache verwechseln 76
36. Zurechtweisungen sachlich angehen 78
37. Unfruchtbare Diskussionen meiden 80
38. Taktvolles Benehmen an den Tag legen 82
39. Geeignete Leute suchen und geduldig prüfen 84
40. Sich vor der Geldgier hüten 86
41. Dem Sämann geben, worauf er als Erster
    ein Anrecht hat 88
42. Manchmal muss man Ross und Reiter nennen 90
43. Die Zeichen der Endzeit erkennen 92
44. Wer gläubig ist, muss mit Gegnern rechnen 94
45. Konsequent und geduldig zurechtweisen 96
46. Mit dem Wissen wieder von vorne anfangen 98
47. Die Idee einer Reinkarnation hinterfragen 100
48. Du sollst erziehen und nicht schlagen 102
49. Mit der Eifersucht der eigenen Leute rechnen 104
50. Nicht über Sakramentalien lachen 106
51. Kluge Christen können geschickt und mutig
    taktieren 108
52. Beim Heilungsgebet auch mal die Hände
    auflegen 110

    Verwendete Bibelstellen 112

Wer war Paulus?

Um 10 nach Chr. wurde Saulus in Tarsus geboren; er war Jude und römischer Bürger. In Jerusalem genoss er eine streng religiöse Erziehung bei Gamaliel. Eifrig verfolgte er die junge christliche Gemeinde und war an der Ermordung des Stephanus beteiligt.

Auf dem Weg nach Damaskus erfährt er plötzlich seine spektakuläre Bekehrung: Von einem Licht geblendet, fällt er vom hohen Ross und vernimmt durch Jesus den Auftrag, die christliche Botschaft den Heiden zu bringen.

Darauf ändert er sein Leben und setzt alle seine Kräfte ein für die Verkündigung der Botschaft Jesu; sie führt ihn auf mehreren Reisen durch den gesamten vorderasiatischen Raum, auch nach Italien, Malta und Kreta. Von nun nennt er sich Paulus (=der Kleine).

Vom Prokurator Felix verhaftet, verbringt er zwei Jahre in Rom, reist danach eventuell nach Spanien und gerät abermals in römische Gefangenschaft. Wahrscheinlich wurde er unter Nero im Jahre 67 enthauptet.

Er war ein Feuerkopf: leidenschaftlich und hoch gebildet. In seinen Briefen an die vielen Gemeinden sind milde, strenge, ironische, mahnende und liebevolle Töne zu erkennen. Die hier ausgewählten Zitate stammen aus seinen Briefen und lassen einen bodenständigen, klugen, aber auch schwierigen Schreiber erkennen. Der Hebräerbrief gilt zwar als nichtpaulinisch. Ich habe ihn aber zitiert, weil er immer noch im Bewusstsein des Volkes mit Paulus verbunden wird.

1. ZEUGNIS GEBEN

„Ich danke meinem Gott, … weil man von eurem Glauben in der ganzen Welt spricht … Denn ich schäme mich des Evangeliums nicht; es ist ja eine Gotteskraft zum Heil für jeden, der glaubt." (Röm 1,8+16)

Worüber spricht heute die ganze Welt? Wer lebt als Christ so hinreißend, dass er andere mitreißt? Gibt es nicht zu viele Christen, die ihren Glauben eher verschämt verbergen und ihn sogar verleumden, wenn es ihnen Vorteile verschafft?

Früher haben wir Missionare nach Afrika geschickt; heute kommen diese zu uns, um den Glauben wieder zu wecken, der im Wohlstand erstickt ist. Touristen erzählen begeistert, wie gläubige Menschen in den armen Ländern und in vermüllten Vororten vom Gottvertrauen getragen werden, wie sie in ihren langen Gottesdiensten mit Leib und Seele beten und tanzen. Not lehrt beten und hier sogar danken.

Jugendliche, die aus dem herzegowinischen Medjugorje oder dem burgundischen Taizé kommen, berichten voller Begeisterung über ihre religiösen Erfahrungen dort, wie sie mit anderen den Glauben geteilt haben und gemeinsam beteten.

Es fällt auf, dass Reichtum und Sicherheit das Gottvertrauen verdrängen können; wo Dankbarkeit und Hingabefähigkeit fehlen, treten schnell überhöhte Ansprüche auf den Plan. Die Folgen sind: Unzufriedenheit und Glaubensverlust.

Es ist Zeit, die christliche Botschaft vom Teilen, vom Vergeben und vom Segnen wieder hoffähig zu machen, indem wir sie einfach praktizieren. Dann werden andere von ihr überzeugt. Vielleicht.

Das Kreuzzeichen eines Fußballers oder das Glaubenszeugnis eines Promis wird gern verschwiegen. Doch vom

Glauben der Andersgläubigen berichten die Medien immer wieder voll Ehrfurcht. Die eigene Religion kommt hingegen meist schlecht weg.

Kann es sein, dass die einen sie nicht überzeugend genug leben und die anderen sie verdrängt haben, weil sie an ihr Gewissen rüttelt?

Wir verdanken Gott alles. Da wäre doch ein Zeichen von Dankbarkeit angebracht. Öffentlich zu bekennen, dass ich an diesen Gott der Liebe glaube und dass ich ihn auch erfahren kann, wenn ich mit ihm rechne, erfordert Mut. Nur Feiglinge verkrümeln sich, wenn es darum geht, Farbe zu bekennen, Position zu beziehen.

Ich bin gern Christ. Nicht immer, nämlich dann nicht, wenn Christen ihren Glauben verkopfen oder alles infragestellen. Oder wenn ein Sportmanager den Fußballern verbieten will, sich vor dem Spiel zu bekreuzigen.

2. GEISTER UNTERSCHEIDEN

„Sie rühmten sich, weise zu sein und sind zu Toren geworden ... sie, die die Wahrheit Gottes gegen die Lüge eintauschten und dem Geschöpf Anbetung erwiesen, anstatt dem Schöpfer ..." (Röm 1,22+25)

Vor geraumer Zeit tat sich ein Künstler hervor, der ein nacktes Paar ablichtete, das auf dem Altar des Kölner Domes lag. Zufällige Besucher des Domes waren irritiert, empörten sich oder zückten ihre Kamera. Als dann eine Anzeige wegen Erregung öffentlichen Ärgernisses und blasphemischer Handlungen drohte, sprachen einige Kluge dieser Welt von Verunglimpfung der Kunst und von Gefährdung der Meinungsfreiheit.

In immer mehr TV-Sendungen werden Schamlosigkeiten produziert im Deckmantel zeitgemäßer Weltoffenheit. Kalkulierte Provokationen auf Kosten der Menschenwürde und der religiösen Werte nehmen zu; die Lüge wird zur Wahrheit, die Gleichgültigkeit zur Toleranz und der Schwachsinn zum Event.

Wer dagegenhalten will, muss stark sein; er wird gegen den Strom derer schwimmen müssen, die sich für aufgeklärt und modern halten, in Wahrheit aber jede natürliche Scham verloren haben.

Vielleicht kommt bald Nacktgeigen mit Dieter Bohlen? Im Internet werben Typen mit „Muscleworship" (Muskelanbetung). Freud hatte recht, als er meinte: Der Verlust der Scham ist der Beginn des Schwachsinns.

Wer noch halbwegs seine Würde behalten hat, entzieht sich solcher Verirrung. Allein Gott gebührt Anbetung, und den Menschen, die noch Anstand haben, sei gebührende Verehrung zugesprochen. Mehr nicht.

Paulus empfiehlt die Unterscheidung der Geister; sie ist heute erforderlich, weil zu viele Irrlichter, Schwarmgeister und Zeitgeister herumschwirren, besonders der faustische Geist, der „stets verneint".

Christen wenden sich an den Heiligen Geist, wenn es darum geht, Klarheit zu bekommen. Um aber zu erkennen, ob jemand sich an Gottes Stelle setzt, reicht schon der eigene Verstand, falls man einen hat.

Tatsächlich laufen draußen törichte Leute herum, die sich für schlau und gebildet halten. Und da sie sehr selbstbewusst auftreten, imponieren sie anderen Toren. Hier den Durchblick zu bekommen erfordert weniger akademische Bildung als Herzensweisheit. Diese aber ist ein Geschenk des Heiligen Geistes. Und das Geschenk ist allen Christen zugesagt worden, besonders jenen, die täglich darum bitten. Tun Sie`s!

3. SICH NICHT DEM ZEITGEIST UNTERORDNEN

„Passt euch nicht dieser Weltzeit an, sondern gestaltet euch um durch die Erneuerung des Geistes, damit ihr prüft, was der Wille Gottes, das Gute, Wohlgefällige und Vollkommene ist." (Röm 12,2)

Es erstaunt immer wieder, wenn Menschen nach einem ziemlich verkommenen und geistlosen Leben plötzlich zur Einsicht gelangen und dem Zeitgeist eine radikale Absage erteilen. Ein solcher Mensch war Charles de Foucauld: Sohn reicher Eltern, Partylöwe und Macho der Pariser Halbwelt, dann nach seiner Bekehrung Einsiedler und Wüstenheiliger, schließlich wegen seines Glaubens ermordet.

Auch heute noch gibt es nicht wenige Zeitgenossen, die irgendwann erkennen, wie verlogen und oberflächlich die Welt ist, und die ihr Leben verändern. Man muss nicht gleich ins Kloster gehen, um der schnöden Welt zu entkommen (man entkommt ihr auch dort nicht); manche suchen sich Gleichgesinnte in Gebets- und Bibelkreisen, um gemeinsam den Versuchungen der Welt besser standhalten zu können. Andere sind charakterlich stark genug, im Alleingang gegen den Strom der Masse zu schwimmen.

Was ist denn nun so falsch in dieser Welt?

Wer sich lange genug durch sämtliche Fernsehprogramme durchzappt und die Regenbogenpresse zu Gemüte führt, wird es bald erkennen: Eitle Selbstdarstellungen, Maßlosigkeiten, Machtgier und Selbstverwirklichungen auf Kosten der Armen und Schwachen.

Da mutet das Programm Jesu einen schon etwas fad an: Er fordert Verzichtübungen, Teilen, Rücksichtnahme.

Das Gefährliche am Zeitgeist ist seine Strategie: Indem er uns glauben macht, nur derjenige sei „in", der alles mitmacht, jagen wir dem größten Mist nach. Wenn dann alle im Misthaufen sitzen, merkt niemand mehr, wie es stinkt.

Und es stinkt gewaltig: das Publikum, das einen 13-jährigen Jungen auslacht, weil er noch kein Sex hatte; der Superstar, der nach der fünften kaputten Beziehung die Schuld bei den Frauen sucht; der Anrufer vom Call-Center, der einer alten Frau einen unehrlichen Vertrag aufschwätzt; und der Energiekonzern, der regelmäßig seine Preise erhöht, weil wieder mal der Tod von Millionen Glühwürmchen den Strombedarf erhöhte.

Dann ist da noch der einsame Steuerzahler, der die Gelegenheit nützt, beim Vorbeifahren in einem Waldstück seinen bescheidenen Abfall zu deponieren. Da ohnehin schon ein alter Kühlschrank im Graben liegt, kommt es auf die alten Sommerreifen nicht mehr an …

Anpassung an Gegebenheiten.

Zugegeben: Es erfordert Courage und ein stabiles Selbstwertgefühl, nicht alles mitzumachen. Und es grenzt schon an Narretei, anderen den Spiegel vorzuhalten.

Es ist Zeit zum Ausmisten. Die Sache stinkt zum Himmel.

4. SEINE GABEN EINSETZEN

„… Wir sind ausgestattet mit Gaben, die je nach der uns verliehenen Gnade verschieden sind. Wer Prophetengabe hat, übe sie aus …, wer seinen Dienst versieht, bleibe dabei; wer unterweist, widme sich der Unterweisung, wer ermahnt, dem Ermahnen; wer Almosen austeilt, tue es in Einfalt …" (Röm 12,6–8)

Jeder Mensch ist begabt. Viele wissen es nicht oder trauen sich nichts zu. Zu oft wurde ihnen gesagt, sie taugten oder könnten nichts. Oder sie haben resigniert, weil es ihnen nicht so glatt von der Hand ging und sie keine Geduld aufbrachten.

Es bringt nichts, sich mit anderen zu vergleichen und sie zu beneiden. Der eine hat musikalische Fähigkeiten, der andere handwerkliche, wieder ein anderer sportliche oder organisatorische Talente.

Mancher gerät in Stress, weil er gegen seine Neigungen handelt oder sich aus falsch verstandener Nächstenliebe zu Dingen überreden lässt, die seinem Wesen nicht entsprechen. Da sollte der Schuster doch bei seinen Leisten bleiben.

Viele Erledigungen, auch in der Politik, wären erfolgreicher, wenn sie von Leuten getan würden, die entsprechende Befähigung haben. Wer nur aus Eitelkeit, aus falschem Ehrgeiz oder aus Machtgier eine Aufgabe wahrnimmt, wird sich und den anderen schaden.

Wer zum Perfektionismus neigt, wird nie fertig. Er will alles hundertprozentig machen und kommt dann nicht vom Fleck; im Grunde sucht er die Anerkennung über seine Leistungen und wertet seine Begabungen in einer falschen Bescheidenheit eher ab. Ich bin schon mit siebzig Prozent zufrieden, den Rest überlasse ich dem lieben Gott.

Die einen halten sich für unbegabt und können sich nicht

durchringen, Verschiedenes auszuprobieren; die anderen schwingen sich trotz relativer Unbegabtheit zu erstaunlichen Höhenflügen empor.

Weil Gott uns die Gaben geschenkt hat, haben wir keinen Grund, uns über andere zu erheben, die schlechter abschneiden oder gänzlich andere Fähigkeiten haben. Jede Fähigkeit muss gewagt, geübt und verbessert werden. Wer das Wagnis nicht wagt aus Angst vor Fehlern, bleibt sich und Gott etwas schuldig. Er wird nicht glücklich, da er um das Versäumnis seines Lebens weiß. Und das Gute, das nicht getan ist, lässt uns uns schuldiger fühlen als das Böse, das getan wurde.

Jeder wird gebraucht: die Krankenschwester, der Briefträger, der Müllarbeiter und der Polizist. Wer seine Gaben erkannt hat, findet auch seinen Beruf. Und wer seine Berufung lebt, hat inneren Frieden. Nicht zu vergessen: Wer andere lobt, wird auch Lob ernten.

5. GEGEN DEN FLUCH MIT SEGEN ANGEHEN

*„Segnet, die euch verfolgen, segnet und fluchet nicht …
Vergeltet niemand Böses mit Bösem, seid vor allen Menschen auf das Gute bedacht." (Röm 12,14+17)*

Es vergeht kaum ein Tag, an dem nicht besorgte Menschen mich anrufen und um Hilfe anfragen, weil sie glauben, unter einem Fluch zu stehen. Diese Menschen wissen nicht, dass jeder Segen oder Fluch auf den zurückfällt, der ihn ausspricht. Wer also Schaden zufügen will und sich dabei der Verfluchung bedient, schadet sich selbst.

Gewiss kann ein Fluch, bewusst und gezielt gewollt, schaden. Ebenso kann ein Segen nutzen. Und da der Segen stärker ist als der Fluch, bleibt er die beste Waffe im Kampf gegen bösartige Menschen.

Paulus wiederholt ein Anliegen Jesu, dem es stets darauf ankommt, gut zu sein, auch gegen die Bösen. In vielen Märchen wird der Zauber böser Mächte durch den Segen der Liebe gebrochen: So rettet der küssende Prinz das verwunschene Schneewittchen und das Mädchen den zum Frosch gewordenen Prinzen.

Konsequent gut sein gegen aggressive und zutiefst gekränkte Menschen ist ein christliches Gebot. Die Erfahrung zeigt, dass auf diese Weise Menschen geheilt werden können; denn das Böse in ihnen entstand durch viele seelische Verletzungen. Es wäre also töricht, weitere Verletzungen hinzuzufügen, etwa durch Gegenflüche, Demütigungen oder Racheakte.

Die ehemalige Satanspriesterin Ulla von Bernus gab öffentlich zu, dass sie gegen Bezahlung Schadenszauber vornahm. Nach ihrer Bekehrung zum Christentum – sie war über siebzig Jahre alt – warnte sie in einer TV-Sendung vor diesen von ihr selbst jahrelang verübten Praktiken und wies darauf hin, dass sie fast selbst dabei zugrunde gegangen sei. Sie habe erst in der Versöhnung mit Gott und in der radikalen Umkehr Frieden gefunden.

Uns kommt ein gedankenloser Fluch rasch über die Lippen. Er ist zwar wirkungslos im Hinblick auf andere (weil nicht bewusst gewollt), nicht aber hinsichtlich der eigenen Person; denn was und wie immer wir reden und handeln, es bleibt etwas hängen.

Die Biochemiker Masaru Emoto und Louis Rey haben festgestellt, dass sich die Kristalle beim Wasser verändern, je nachdem, ob es gesegnet oder verflucht wurde. Das gesegnete Wasser zeigte wunderschöne, symmetrische und farbenfrohe Kristallisationen, während das verfluchte buchstäblich zerfiel.

Grund genug, Menschen und Natur und uns selbst immer wieder zu segnen; andernfalls zerfallen sie, und wir auch.

6. DEN FEIND DURCH GÜTE BESIEGEN

„Rächet euch nicht selbst, sondern gebt dem Zorn Raum ...
Lass dich nicht vom Bösen überwinden, sondern überwin-
de das Böse durch das Gute." (Röm 12,19+21)

Diese Strategie ist eine der besten, wenngleich auch der schwersten. Dahinter steckt die Parole: Sagt den Leuten, wie gut sie sind, und sie hören auf, schlecht zu sein. Es dauert aber.

Wir neigen dazu, Kränkungen und Unrecht mit gleichen Mitteln zu rächen. Auf diese Weise geraten beide Seiten in eine Endlosschleife; denn niemand will auf sein Rechthaben verzichten. So wird es niemals Frieden geben.

Doch Gott hat uns zugesagt, für uns einzutreten. Das bedeutet nicht, dass er uns auf Erden schon zur Gerechtigkeit verhilft; vielmehr folgt der Ausgleich danach, auch wenn uns das nicht so schmeckt.

Der Verzicht auf Rache erfordert Geduld und ein stabiles Selbstwertgefühl. Deshalb rät Paulus nicht zur Unterdrückung des Zorns, sondern zur Beherrschung. Dem Zorn Raum geben bedeutet also: ihn wahrnehmen, als Teil meiner Person akzeptieren, nicht aber aktivieren.

Die Geschichte lehrt uns immer wieder, dass aggressive und zutiefst verletzte Menschen tatsächlich ihr Verhalten ändern, wenn sie konsequent Gutes erfahren. Wo statt der erwarteten Gegenwehr plötzlich das Angebot eines Gesprächs folgt, wo der Gläubiger dem Schuldner einen Teil der Schulden erlässt und das Opfer dem Täter vergibt, da fällt das Kartenhaus der gegenseitigen Aufrechnung zusammen.

Jeder Täter ist auch Opfer. Wer in seiner existenziellen Kränkung nur noch Amok läuft oder anderen Schaden zufügt, um aus der eigenen Opferrolle herauszukommen, wird durch Racheaktionen nicht besser.

Er wird einer gerechten Bestrafung seines Tuns nicht entkommen; Rache hingegen will nur Entwertung der Person, persönliche Vergeltung. Unter dem Vorwand der Gerechtigkeit will sie tatsächlich nur Heimzahlung der erlittenen narzisstischen Demütigung.

Die Empfehlung Jesu, dem Hosendieb auch noch die Jacke zu hinterlassen, erscheint den meisten inakzeptabel. Dennoch ist diese Handlung grandios, geradezu humorvoll. So etwas irritiert den Dieb. Paradoxerweise wird er diesen Menschen nicht mehr bestehlen. Verrückt, nicht wahr? Die Botschaft der Bibel entspringt einem gänzlich anderen Denken, als wir es gern hätten; denn Gott handelt manchmal gegen alle menschliche Logik. Aber seine Logik funktioniert. Ich habe sie selbst wiederholt ausprobiert.

Da hämmerte der Vater auf seinen sündigen Sohn ein, klagte seine Unmoral an und beschwor seine Umkehr stehenden Fußes. Der Sohn kehrte um und war weg. Ein anderer Vater umarmte seinen sündigen Sohn und hielt ihn lange schweigend in seinen Armen. Dieser bekehrte sich.

Sehen Sie: So ist Gott.

7. SEINE ÜBERZEUGUNG LEBEN

„Nehmt den auf, der schwach im Glauben ist, aber nicht, um über Auffassungen zu urteilen ... Wer bist du, dass du über einen Fremden richtest ... Jeder muss nach seiner Überzeugung handeln." (Röm 14,1+4 f.)

Toleranz ist angesagt. Es ist ein Unterschied, ob ich jemanden wegen seines unmoralischen Lebenswandels tadle oder ob ich ihn mit meinen Glaubensauffassungen erschlage. Paulus meint hier die nicht hinreichend erleuchteten Christen, deren Überzeugungen nicht fest genug sind, um mit einem sicheren Gewissen zu handeln.

Heute begegnen wir vielen Menschen, die sich zwar Christen nennen, aber keinen klar definierten Glauben haben. Wer meint, an Freitagen keine Fleischspeisen essen zu dürfen, möge sich daran halten; wer anderer Auffassung ist, darf es lassen. Wer asiatische Entspannungsübungen praktiziert, daraus Kraft schöpft und dies mit seinem christlichen Glauben verbinden kann, sollte nicht besserwisserisch zum Teufel gejagt, auch nicht auf subtile Weise zum Neuheiden abgestempelt werden.

Frömmigkeit ohne Klugheit kann schaden. Ich kenne viele praktizierende Christen, die an die Reinkarnation glauben und gleichzeitig auf die Auferstehung hoffen. Beides zusammen passt nicht. Soll man nun daraus einen Glaubenskrieg machen?

Andere sind Vegetarier, andere bevorzugen Nahrungsmittel, die nach den Mondphasen bewässert und geerntet werden, wieder andere richten ihre Arbeits- und Schlafstellen nach den Erdstrahlen aus. Solche weltanschaulichen Sichtweisen dürfen kein Anlass sein für rechthaberische Belehrungen. Sie berühren nicht das Wesentliche der christlichen Botschaft. Außerdem ist keineswegs entschieden, wer hier recht hat.

Man bedenke, dass es immer mehr Menschen geben wird, die immer weniger über die Botschaft Jesu Bescheid wissen und trotzdem versuchen, nach ihrem Gewissen zu leben. Glaubensstarke Menschen tun dem gemeinsamen Gott keinen Gefallen, wenn sie Andersdenkende verurteilen oder von oben herab schulmeistern. Wer aus welchen Gründen auch immer die Homöopathie ablehnt, möge es tun. Wer sie als nützlich erkannt hat, möge sie nutzen. Und beide sollten sich in Ruhe lassen. Wer hierin den Teufel wittert, betreibt eine unverantwortliche Dämokratie.

8. DAS ZEICHEN DES KREUZES POSITIV SEHEN

„Während die Juden Zeichen fordern und die Griechen Weisheit suchen, predigen wir Christus, den Gekreuzigten, den Juden ein Ärgernis, den Heiden eine Torheit, den Berufenen aber … Gottes Weisheit." (1. Kor 1,22–24)

Damals wie heute entzünden sich immer wieder Streitigkeiten wegen der Lehre Jesu, vor allem wegen der Bedeutung des Kreuzes. In letzten Jahren wurden Rufe laut, das Zeichen der Christen aus den öffentlichen Gebäuden zu entfernen. Ein anthroposophischer Vater erreichte per Gerichtsbeschluss, dass in der Klasse seiner Tochter das Kreuz abgehängt werden musste. Am Tag der Vollstreckung erschienen die Klassenkameraden und -kameradinnen allesamt mit einem kleinen Brustkreuz und zeigten auf diese Weise, was sie von dem Urteil hielten. Bayern ist eben doch noch katholisch.

Okay, es muss ja nicht gerade ein blutüberströmter Jesus am Holz hängen, obwohl wir täglich mit schlimmeren Bildern aus der real existierenden Welt konfrontiert werden. Die Handyaufzeichnungen von brutal inszenierten Schlägereien nehmen sich fast „cool" aus; zwei gekreuzte Balken erregen lautstarkes Ärgernis. Wie dies?

Statt Griechen und Juden können wir beliebig andere Gruppen nennen; gemeint sind jedenfalls Leute, die empirische Belege (Zeichen) beziehungsweise rationale Logik (Weisheit) für Glaubensdinge fordern. Doch die Logik Gottes ist eine andere als die Logik der menschlichen Vernunft. Und so betont Paulus etwas später, dass Gott die Törichten dieser Welt erwählt hat, um die Klugen dieser Welt aus den Angeln zu heben.

Schon viele Kluge dieser Welt haben versucht, die Existenz Gottes zu widerlegen; natürlich sind dann auch Tod und Auferstehung nur Metaphern. Und alle wundersamen Dinge, die Jesus wirkte, sind schlimmstenfalls Erfindungen, allegorisches Geschwätz, Instrumente zur Machterhaltung. Mein Gott, was müssen diese gescheiten Leute für eine Angst haben! Möglicherweise erliegen einige dem intellektuellen Hochmut, der ihnen den Weg zum Glauben verbaut; andere drücken sich vor den Konsequenzen einer Bekehrung: Sie müssten dann ja „fromm" werden und in die Knie gehen. Das walte Gott, falls es ihn gibt, was er bitte verhüten möge. Oder?

Das Kreuz ist Zeichen des Sieges über den Tod. In diesem Zeichen siegte Konstantin an der Milvischen Brücke. In diesem Zeichen wird Jesus wiederkommen. Dann wird sich zeigen, wie viel von der Klugheit der Weisen noch Bestand hat. Es ist ein Kreuz mit dem Kreuz.

9. SICH VOM GEIST GOTTES LEITEN LASSEN

„Ein naturhafter Mensch aber nimmt nicht auf, was vom Geist Gottes stammt; denn es ist ihm eine Torheit, und er vermag es nicht zu begreifen, weil es geistig beurteilt werden will." (1. Kor 2,14)

Wir neigen dazu, zu allen möglichen Themen unseren Beitrag zu leisten, ob auf politischer oder wirtschaftlicher Ebene, auf religiöser oder künstlerischer Ebene. Dabei kann es zu heftigen Auseinandersetzungen kommen.

Wer von diesen Bereichen wenig Ahnung hat, sollte schweigen oder sich beraten lassen von jenen, die kompetent sind. Das sehen viele Leute auch ein.

Seltsamerweise scheint dies für den religiösen Bereich nicht zu gelten; denn es fällt auf, dass gerade dort jeder sein eigenes Süppchen kochen möchte. Kaum einer will sich von den geistlich kompetenten Menschen etwas sagen lassen.

Geistlich kompetent sind nicht unbedingt die Studierten oder jene, die eine kirchliche Karriere gemacht haben, sondern jene, die sich vom Geist Gottes leiten lassen. Es sind die Beter, die in wichtigen Belangen um Erleuchtung bitten. So sind weltlich gesinnte Menschen (Paulus nennt sie „naturhaft") kaum geeignet für Bewertungen geistlicher Art, auch nicht jene, die sich für religiös halten, in Wahrheit aber keine Unterscheidungen treffen können.

Wer sich beliebig im großen Laden pseudochristlicher Angebote bedient, wer Wahrsager und Tarotkarten befragt, gleichzeitig auf fromme Wallfahrt nach Santiago geht, nebenher noch in einem buddhistischen Tempel seine Weihrauchstäbchen opfert, befindet sich geistlich auf einem unverbindlichen Wellnesstrip. Er befriedigt seine emotionalen Bedürfnisse, nicht aber die Verbindlichkeiten Gottes.

Diese sind oftmals unbequem, ja, sie erscheinen töricht.

So lehnen viele das Kreuz ab, weil sie die wahre Bedeutung nicht erkennen. Oder sie mokieren sich über das Geheimnis der Gottessohnschaft Jesu, weil ihr Verstand es nicht begreift. So etwas kann nicht rational erfasst werden, sondern nur geistlich. Doch dafür bedarf es des ständigen Bittens um Erleuchtung.

Gerade die Kleinen, die „Toren dieser Welt", auch Kinder, haben den besseren Zugang zu solchen Geheimnissen. Und manchmal sind die Geheimnisse Gottes einleuchtender als unsere gescheiten Erklärungen. Ein Gott, der in meinen Kopf passt, ist ein armseliger Gott.

10. STREIT ERST EINMAL UNTEREINANDER KLÄREN

„Gibt es denn wirklich keinen Verständigen unter euch, der zwischen seinen Brüdern der Schiedsrichter sein könnte? Stattdessen zieht ein Bruder den andern vor Gericht, und zwar vor Ungläubige." (1. Kor 6,5 f.)

Wir gehen schon wegen geringfügiger Meinungsverschiedenheiten zum Anwalt. Es wird zu viel, zu laut und zu lang gestritten. Ein jeder will recht haben, und dabei wird mehr kaputt gemacht, als die Sache Wert ist.

Wir haben keine Streitkultur gelernt, auch keine Vergebungskultur. Und zu viele gekränkte Seelen wollen mehr Rache als Gerechtigkeit, mehr Vergeltung als Frieden.

Der Fall Marco aus Uelzen hat die Welt erschüttert. Dieses juristische und menschliche Desaster hätte in Antalya vermieden werden können, wenn die Mutter des angeblichen Opfers mit den Eltern des angeblichen Täters gesprochen hätte. Dass der Richter und der gegnerische Anwalt einer anderen Kultur und Religion angehörten, machte die Sache noch brisanter. Sie wurde zum Politikum.

Kriege könnten verhindert werden, wenn die Regeln zur Konfliktklärung eingehalten würden: Gespräche unter vier Augen, dann noch mal vor sechs bis acht Augen, dann vor einer größeren Gruppe … So empfiehlt es Jesus in Matthäus 18,15 ff.

Jemand, der recht haben will und sämtliche menschlichen Aspekte außer Acht lässt, verrät eigene, unverarbeitete Kränkungen. Es ist eine Erkenntnis der Tiefenpsychologie, dass jene, die mit sich selbst nicht fertig werden, andere fertig machen. Wer jedoch keine Einsicht zeigt, entwickelt eine Abwehrstrategie auf Kosten der anderen: Er will sein Opfer demütigen, um von eigenen Verfehlungen abzulenken. Christen sollte man an ihrer Bereitschaft zu fairer Streitkultur erkennen können. Manchmal kann sogar der Verzicht auf Rechthabenwollen die gottgewollte Variante sein; denn es ist Gott, der für uns einsteht.

Das setzt voraus, dass jeder mit sich selbst im Einklang lebt und den anderen nicht zum persönlichen Feind abstempelt, sondern als verletzten Mitmenschen sieht. In diesem Blickwinkel erscheint das erlittene Unrecht manchmal in anderem Licht. Tatsächlich sind viele Auseinandersetzungen ohne den Gang zum Gericht lösbar. Es braucht Geduld und immer auch das Gebet für den anderen.

Im schlimmsten Fall fragen Sie mal Ihren streitsüchtigen Nachbarn, was er denn als Außenstehender von der Intelligenz halte.

11. SICH AUS KLUGHEIT ANPASSEN

„So bin ich den Juden ein Jude geworden, um Juden zu gewinnen, den Gesetzesleuten bin ich ein Gesetzesmann geworden, um Gesetzesleute zu gewinnen … Den Schwachen bin ich ein Schwacher geworden, um die Schwachen zu gewinnen." (1. Kor 9,20–22)

Was Paulus hier meint, klingt in den Ohren mancher Christen ziemlich fragwürdig. Anpassung aus diplomatischen Erwägungen? So tun also ob, um Leute für sich bzw. für die Botschaft Jesu zu gewinnen? Ist das nicht eine verlogene Strategie?

Wer Paulus kennt, weiß um seine Aufrichtigkeit. Er hat schon damals keine guten Erfahrungen gemacht mit Bekehrten, die nach ihrer Umkehr zum Christentum rigoroser waren als vorher, die also „päpstlicher sind als der Papst".

Wer Menschen gewinnen möchte für das Evangelium, darf sie nicht erschlagen mit seinem eigenen Glauben; denn die anderen sind noch nicht so weit. Da ist eine gewisse Anpassung wichtig.

So wird ein Christ auf sein Fasten verzichten, wenn Besuch kommt, er wird bei Moslems die Gebetshaltung Richtung Mekka einnehmen und beim gemeinsamen Essen in einem Restaurant kein Schweinefleisch essen. So passt er sich an aus Rücksicht auf deren Situation.

Ein demonstratives Glaubenszeugnis kann provokativ wirken und eher abschrecken; auch geht es nicht darum, andere zu vereinnahmen und im Namen Gottes rücksichtslos zu missionieren. Da wurden in der Geschichte des Christentums (und heute beim radikalen Islam) zu viele Fehler gemacht. Gott wirbt, lockt, überzeugt und wartet. Er holt den Menschen dort ab, wo er steht, ohne mit der Moralinspritze zu kommen.

Wenn Paulus hier den Sabbat hielt, dort nicht, hier die Beschneidung vornahm, dort sie verbot, könnte man von charakterloser Anpassung reden. Doch nicht Willkür oder Laune, sondern das „Gesetz der Freiheit" lag zugrunde.

Deshalb empfiehlt es sich, suchende und irrende Menschen nicht mit dem kompletten Glaubens-Angebot zu erschlagen, sondern um der Schwachen willen die eigene Stärke zu dämpfen.

Das vermag aber nur einer, der im Glauben sicher steht und nicht meint, in eigener Regie alles machen zu müssen. Es bleibt immer noch Gottes Gnade, wenn er Menschen für das Evangelium gewinnen kann. Ich habe den Eindruck, dass bei uns vor lauter Eigenregie Gott arbeitslos wird.

12. NICHT MIT KENNTNISSEN PRAHLEN

„Wir sehen jetzt nämlich durch einen Spiegel rätselhaft, dann aber von Angesicht zu Angesicht. Jetzt ist mein Erkennen Stückwerk, dann aber werde ich ganz erkennen ..." (1. Kor 13,12)

Was gestern noch wissenschaftlich erwiesen war, kann heute schon verworfen werden. Wie oft glauben wir uns in der Gewissheit unserer Erkenntnisse und müssen dann kleinlaut Korrekturen vornehmen. War die Welt in der Antike noch auf vier Säulen gebaut, so ist sie heute eine von vielen schwebenden Gestirnen im Weltall.

Auch in geistlichen Belangen müssen wir lernfähig bleiben: Wir wissen im Grunde nicht sehr viel, können es nur erahnen. Das sollte uns bescheiden machen.

Paulus kannte noch nicht die perfekten Spiegel von heute. Und selbst der klarste Blick in den besten Spiegel gibt nicht die Wirklichkeit wieder: Er ist seitenverkehrt.

Wir können Gott nicht unmittelbar sehen, nur mittelbar. Deshalb sind wir angewiesen auf die Fähigkeit, diese Mittel (Zeichen, Begegnungen, Ereignisse) richtig zu deuten.

Doch jede Vermittlung geht auf Kosten von Nuancen, die eine vollkommene Erkenntnis unmöglich machen.

Ein berühmter Wissenschaftler soll im Sterben gesagt haben: „Nichts ist so, wie es scheint. Wir wissen nichts. Gar nichts." Dies gilt umso mehr von den spirituellen Wahrheiten: Wer ist Gott? Wie ist er? Was geschieht nach dem Tod? Wie entsteht Leben?

Der Kosmonaut Juri Gagarin suchte Gott vergeblich im All und schloss daraus auf dessen Nichtexistenz. Weil Gott das Leid nicht verhindert, meinen viele, er sei ein abwesender oder gleichgültiger Gott. Andere glauben einen Blick in die Hölle getan zu haben und beschreiben sie detailliert. Alles Wunsch- oder Angstdenken?

Als Schüler las ich viele Psychologiebücher und wähnte mich schon als guten Menschenkenner, bis ich später nach vielen Jahren praktizierter Psychologie die trügerischen Menschenbilder und die geschickten Täuschungsmanöver erkannte. Tatsächlich glaubt sich der Anfänger schon als weiser Mensch, während der wirklich Weise die Unvollkommenheit seines Wissens bescheiden zugeben muss.

Vom Geist Gottes erleuchtete Menschen sehen klarer; sie treten nicht besserwisserisch auf, sondern eher mahnend (prophetisch) und leiden fürchterlich an der Unvernunft der Masse. Und sie werden garantiert missverstanden.

So wie ich.

13. DAS GOTTESBILD ÜBERPRÜFEN

„Werdet gründlich nüchtern und sündigt nicht! Einige haben nämlich eine falsche Vorstellung von Gott. Zur Beschämung sage ich es euch." (1. Kor 15,34)

Unzählige Bücher zum Thema „Gottesbilder" sind im Umlauf. Es ist ein stets aktuelles Problem, das nicht nur die Gläubigen betrifft. Wer und wie ist Gott? Bei der Vergabe der Zehn Gebote warnte Gott davor, sich ein Bild von ihm zu machen (Ex 20,4). Und dennoch haben wir alle unsere eigenen Vorstellungen, wie Gott zu sein hat.

Es gibt die krankmachenden Bilder, die Gott als einen stets fordernden oder strafenden, bedrohlich wirkenden Hüter der Moral zeichnen. Ihn gibt es ebenso wenig wie den unverbindlichen, alle Augen zudrückenden Großvatergott, bei dem sich die Menschen grenzenlos austoben können, weil er doch so barmherzig und verständnisvoll ist.

In den biblischen Geschichten bezeichnet sich Gott selbst als „Liebe" und „Weisheit", als „Amme, die ihre Kinder säugt", als „Herr, der Recht und Gerechtigkeit einfordert", und als „Hausherr, der kommt wie ein Dieb in der Nacht". Er lässt seiner nicht spotten und zieht jeden zur Rechenschaft für sein Tun.

Paulus mahnt zur Nüchternheit; er weiß, dass manche Leute der Auffassung sind, Gott werde ihre Sünden großzügig übersehen und jeden aufgrund seines Glaubens (oder der Taufe) freisprechen von irgendwelchen Verpflichtungen.

Jede Tat hat ihre Konsequenz: Wer leichtfertig und verantwortungslos dahinlebt, darf nicht mit Freispruch rechnen. Es mag Vergebung geschenkt werden, doch bedeutet dies nicht zwangsläufig Befreiung von den Folgen seiner Taten. Gott ist barmherzig und gerecht zugleich.

Wer diese Tugend lebt, vermittelt das Wesen Gottes. Der Umstand, dass oft genug die schlimmsten Verbrecher auf

Erden von Bestrafungen verschont bleiben, darf nicht zur Annahme führen, Gott schaue darüber hinweg. Das Gericht wird kommen. Ich hoffe, es wird mit mir barmherzig umgehen …

Es geht nicht um unsere Schwächen, die uns immer wieder zu Fall bringen, sondern darum, dass niemand sich über Gott erheben und jene Barmherzigkeit einklagen darf, die er selber nie zeigte.

Gott ist anders. Das muss keine Angst machen; es reicht, wenn wir Respekt haben und seine Verbindlichkeiten ernst nehmen. Gott verspricht uns nicht das Glück auf Erden, sondern das Kreuz. Alle selbst geschaffenen Götter sind sich mit den Dämonen dieser Welt darin einig, dass sie uns mit der Erfüllung aller unserer Wünsche narren wollen.

Und wer vor Gott Angst hat, hat ihn noch nicht erfahren.

14. DEN HOCHMUT MIT EINEM STACHEL DÄMPFEN

„Damit ich mich bei dem Übermaß der Offenbarungen nicht überhebe, wurde mir ein Stachel für das Fleisch gegeben, ein Satansengel, auf dass er mich mit Fäusten schlage, damit ich mich nicht überhebe ..." (2. Kor 12,7)

Es ist nicht klar, wovon Paulus hier spricht: Meint er eine Krankheit mit plötzlich auftretenden Anfällen (Epilepsie)? Meint er Anfeindungen durch Glaubensbrüder oder schwere Angriffe dämonischer Mächte?

Ein Mann mit so vielen Gaben und göttlichen Eingebungen läuft Gefahr, hochmütig zu werden. Menschen mit der Gabe der Erkenntnis oder Prophetie oder Heilung (Paulus hatte alle Gaben zugleich) sind gefährdet: Sie haben Macht, werden bewundert, sind in besonderer Weise ausgezeichnet. Das macht sie zugleich zu attraktiven Angriffszielen in den Augen neidischer Mitmenschen.

Er spricht vom Engel des Satans, der ihn quält. Man wird erinnert an die Geschichte Hiobs, in der der Teufel Gott bittet, den frommen Hiob testen zu dürfen. Er ist nämlich der Meinung, dass der gottesfürchtige Hiob, ein reicher und angesehener Mann, vom Glauben abfallen wird, sobald es ihm schlecht geht. Also erlaubt Gott diesen Test. Doch Hiob bleibt standhaft – im Gegensatz zu seiner Frau.

Auch Paulus bleibt trotz aller Widerwärtigkeiten treu. Und weil er da einen „Stachel" hat, ist er vor Hochmut gefeit.

Ein hervorragender Redner sagte mir angesichts der vielen guten Kritiken, die er erhält, dass er etwas habe, was ihn vor Stolz bewahre: Er leide an einem Sprachfehler, der sich manchmal in seinen Vorträgen einschleiche. Dadurch empfinde er sein Sprechen als gestört, wenig eindrucksvoll. Das veranlasse ihn jedes Mal, auf den Boden zurückzukommen; auch mag er die Aufzeichnungen seiner Reden nicht hören; er empfinde dabei nur Qual.

So einen „Stachel im Fleisch" zu haben hat also Vorteile. Er fördert die Demut, bewahrt vor Selbstüberschätzung und stellt klar, dass der Mensch nicht alles aus eigener Leistung vermag. Wenn also einer besondere Gaben hat, sollte er tunlichst darum beten, dass Gott ihn immer wieder auf den Boden zurückholt …

Ich würde ihn manchen Stars, Starlets und Möchtegern-promis gönnen: den Stachel im Fleisch.

15. MISSTRAUISCH BLEIBEN GEGENÜBER ANDEREN LEHREN

„Ich bin betroffen, dass ihr so rasch … zu einer anderen Heilsbotschaft abfallt. Es gibt keine andere; da sind nur gewisse Leute, die euch in Verwirrung bringen und die Heilsbotschaft Christi in ihr Gegenteil verkehren wollen." (Gal 1,6 f.)

Immer wieder treten Menschen auf mit einer anderen religiösen Lehre: Sie ändern die Botschaft der Bibel durch Hinzufügung oder durch Weglassen wichtiger Inhalte, oder sie verkünden gänzlich eigene Ideen, oder sie verdrehen einiges.

Falsche Propheten haben in wirtschaftlichen und politischen Krisenzeiten Hochkonjunktur. In regelmäßigen Abständen folgen dann auch Endzeitberechnungen und Geschäfte mit der Angst. Doch niemand kennt Tag noch Stunde …

Falsche Messiasse wie Sun Myung Moon (Vereinigungskirche) oder David Moses Berg (Kinder Gottes), selbsternannte Heilsbringer wie Gaby Wittek (Universelles Leben) oder Erika Bertschinger (Fiat Lux), spiritistisch verführte Propheten wie Johannes Greber (Unverfälschte Christuswahrheit) oder Paul Kuhn (Michaelswerk) bringen Verwirrung und Spaltung.

Die Kriterien für eine seriöse und christlich fundierte Botschaft orientieren sich stets an der Lehre der Kirche, die ihrerseits auf der biblischen Botschaft beruht. Es kann nicht um beliebige Schriftdeutungen gehen oder um ungeprüfte Privatoffenbarungen einzelner Personen, die den Anspruch erheben, von Gott oder geistigen Wesen beauftragt zu sein. Selbst bodenständige Heilige wie Teresa von Avila oder Pater Pio haben stets ihren eigenen Visionen misstraut und sich im Gehorsam der kirchlichen Prüfung unterzogen.

Irrlehren treten heute in einem verblüffend christlichen Gewand auf, so überzeugend, dass es nicht immer einfach ist, das Richtige vom Falschen zu unterscheiden.

Mit dem Etikett „christlich" wird viel Schindluder getrieben. Manchmal erkennt man schon am aggressiven Missionseifer, an den utopischen Heilsversprechungen und an den undurchsichtigen Methoden die Gefährlichkeit dieser Gruppen.

Es ist ratsam, lieber etwas zu kritisch zu sein als zu leichtgläubig. Vor allem, wenn jemand das Glück auf Erden verspricht.

16. NICHT REIN GESETZLICH HANDELN

„Da wir wissen, dass niemand aufgrund von Gesetzeswerken gerechtfertigt wird, sondern nur durch den Glauben an Jesus Christus, sind wir zum Glauben an Christus gekommen ... Denn wenn durch das Gesetz Gerechtigkeit kommt, ist Christus umsonst gestorben." (Gal 2,16+21)

Eine schwer zu verstehende Aussage, die in der ökumenischen Rechtfertigungslehre schon viel Kopfzerbrechen bereitete. Es war einer von Luthers Lieblingstexten.

Wer nur aufgrund gesetzlicher Vorgaben sein Leben ausrichtet, sich also streng nach Paragrafen richtet, unabhängig von Gott, ist vor Gott nicht gerecht. Solches Tun hat nicht viel Wert, weil jede Ausrichtung auf Gott fehlt.

Welche Bedeutung hätte dann noch Tod und Auferstehung Jesu?

Gott selbst bewirkt Gerechtigkeit, nicht irgendein menschliches Handeln. Tatsächlich herrscht in der Welt vorwiegend die Ungerechtigkeit bei einem gleichzeitigen Übermaß von Gesetzen und Vorschriften. Und wer nur auf „Ordnung muss sein" oder „Vorschrift ist Vorschrift" pocht, liegt scharf daneben; denn solch gesetzliches Handeln wird dem Menschen nicht gerecht.

Wer hingegen Gottes Gebot der Liebe wahrnimmt, handelt anders: Er sieht den Einzelnen in seiner Not und Bedürftigkeit und praktiziert das, was man die Tugend der Epikie nennt. Diese Tugend weiß, ein Gebot verantwortlich zu übertreten, nämlich dann, wenn ein gesetzliches Tun Unrecht schafft. Ob in der unseligen Asylpolitik oder in unzähligen Hartz-IV-Katastrophen – Christen dürfen sich nicht allein an Verordnungen halten, wenn diese eine Not erst schaffen.

Manchmal blitzt die göttliche Gerechtigkeit im Handeln eines Politikers durch, wenn dieser sich auf das Gebot der

Nächstenliebe beruft und Vorschriften kippt, um dem Menschen gerecht zu werden.

Dann wird deutlich, was Paulus meint mit seinem Hinweis auf die Priorität des Glaubens an Jesus Christus. Ohne diesen Glauben ist alles gesetzliche Tun bedeutungslos. Nur der wirklich Glaubende wird gerechtfertigt; und dieser handelt nach dem Gebot der Liebe.

Man muss nicht ein Gesetz brechen, um niederträchtig zu sein; man braucht es nur buchstabengetreu zu befolgen.

17. NICHT ZURÜCKFALLEN IN HEIDNISCHE BRÄUCHE

„… wie könnt ihr euch da wieder schwachen und armseligen Weltelementen zuwenden, denen ihr wiederum von Neuem als Sklaven dienen wollt? Treibt ihr doch Kult mit Tagen, Monden, Festzeiten, Jahren …" (Gal 4,9 f.)

Die Galater haben sich wieder ihren alten heidnischen Gewohnheiten zugewandt. Das ärgert Paulus.

Diese Gefahr besteht zu allen Zeiten: Wenn Christen ihren Glauben nicht mehr leben, wenn sie lau werden und gleichgültig, laufen sie Gefahr, in alte (neuheidnische) Denkmuster zu verfallen. Dann tritt der Aberglaube auf den Plan, der in Abhängigkeiten führt, weil er angstbesetzt ist.

Wer genau aufpassen möchte, dass ihm nichts Unheilvolles passiert, gerät in magische Verhaltensweisen, die der Absicherung dienen, der Glückssicherung. Das kann aber auch die genaueste Befolgung religiöser Vorschriften sein, etwa am Sabbat keine unnötigen Schritte zu tun, selbst Hilfestellungen zu verweigern. Das Unheilvolle liegt in der angstbesetzten Befolgung kleinster Reglementierungen; es nimmt schließlich eine Eigendynamik an und hat mit Gott nichts mehr zu tun, auch wenn es um „fromme" Dinge geht. Es kann um detaillierte Mondberechnungen gehen, die zur Optimierung geschäftlicher und privater Pläne herhalten müssen; es kann um den Import von Halloween oder von nordischen Weihnachtsmännern gehen, die allmählich die christlichen Feste verdrängen; schließlich müssen wir denken an den Kult der „Tage", der das christliche/kirchliche Leben immer mehr aushöhlt: Tag des Benzins, Tag des Eichhörnchens, (ich habe heute den Tag des Nasenlaufens), Beauty-Tag oder Esoterik-Woche.

Das hat etwas Götzenhaftes und macht unfrei. Paulus spricht im Weiteren von Versklavung. Wir merken gar nicht mehr, wie sehr wir eingelullt werden von rein materialistischen und hedonistischen (lustbetonten) Motiven. „Schluss mit lustig" heißt ein Buch von Peter Hahne, in dem er die Spaßgesellschaft analysiert und die Folgen des religiösen Werteverlustes aufzeigt.

Wo die profane Dreifaltigkeit „Schönheit, Ruhm und Reichtum" verehrt wird, stirbt der Glaube. Danach folgen Angst, Leere und Unzufriedenheit. Und dann bleibt zu hoffen, dass die übrig gebliebenen Christen mit ihrem Leben Zeugnis von der Liebe und Größe Gottes ablegen; vielleicht kommen auch bald die afrikanischen Missionare zu uns, die wir vor vielen Jahren missioniert haben. Die Ersten sind schon da.

18. ALS CHRIST ANDERS LEBEN

„Wandelt nicht mehr so, wie die Heiden wandeln in ihrem verkehrten Sinn. Sie sind in ihrem Denken verfinstert, dem Leben Gottes entfremdet, weil Unwissenheit in ihnen herrscht … Abgestumpft haben sie sich der Ausschweifung ergeben, um jede Art von Unreinheit zu verüben aus Habsucht." (Eph 4,17–19)

Wir neigen dazu, diesen Text zu übergehen, weil wir keine Heiden sind. Auch halten wir unser Denken keineswegs für verfinstert. Und Unwissenheit? Na ja, wir sind doch sehr aufgeklärt und modern, nicht wahr?

Beim Stichwort „Ausschweifung" könnten sich manche von uns doch wieder finden. Paulus begrenzt diesen Begriff nicht auf sexuelle Formen von Ausschweifung; im Brief an die Galater zählt er Trunkenheit, Schlemmerei, Götzendienst und Zauberei, Unlauterkeit und Zank dazu.

Wer sich heute die TV-Angebote anschaut, kommt nicht umhin, eine wachsende Tendenz zur Ausschweifung festzustellen: Da wird vor der Kamera kopuliert, Gruppensex betrieben, in Talkshows bekriegen sich Familienmitglieder auf obszönste und widerlichste Weise, bei Halbwüchsigen entscheidet eine Jury über deren Sex-Appeal und junge Burschen kotzen sich die Hose voll, weil sie mit einem Würstchenwettessen ins Guinnessbuch der Rekorde wollen.

Maßlosigkeit ist angesagt. Das ist nur möglich, wenn zuvor schon die Sensibilität für Ästhetik abhandengekommen ist und natürlich auch jedes Gefühl für die dramatische Not in der Welt.

Unsere Motive sind nicht mehr aufrichtig, selten rein, eher von Habsucht und Neid gekennzeichnet. Diesem Zeitgeist zu widerstehen ist schwer. Im Alleingang noch schwerer. Deshalb empfiehlt es sich, seinen Glauben mit anderen zu teilen, gemeinsam zu beten, Gleichgesinnte zu suchen.

Wallfahrten haben Hochkonjunktur, nicht zuletzt wegen des gemeinsamen religiösen Erlebens. Das erleichtert das Christsein.

Ausschweifung bedeutet Verlust jeglichen Maßes; sie macht keineswegs frei, sondern versklavt. Sie macht süchtig, aber nicht froh. Um dieses Desaster zu vermeiden, weist Paulus auf eine nützliche Strategie hin: Meidet den Kontakt mit solchen Menschen! Heute würde er ergänzen: Schaltet den Fernseher ab und wendet euch dem Nützlichen zu.

Denn wer alles bekommt, was er will, dem bekommt nicht alles, was er bekommt.

19. DEN ZOTENREISSERN KEINEN APPLAUS GEBEN

„Denn das sollt ihr wissen und merken: Kein Unzüchtiger oder Unreiner oder Habsüchtiger – das ist ein Götzendiener – hat ein Erbteil im Reich Christi und Gottes." (Eph 5,5)

Wenn heute ein Pfarrer so deutlich von der Kanzel sprechen würde, würde er wahrscheinlich bei vielen Leuten Empörung ernten. „Sie verkünden ein Drohbotschaft, keine Frohbotschaft", könnten sie sagen. Oder: „Wollen Sie damit sagen, dass diese Menschen in die Hölle kommen?" (Einige wenige würden genüsslich ihre Hände reiben und denken: Jetzt hat er es ihnen aber gegeben …)

Während Paulus keine Scheu hatte, offen und unverblümt auf die Verbindlichkeiten Gottes hinzuweisen und die Laster anzuprangern, haben wir eher Hemmungen, zu deutlich zu werden. Man könnte ja Sympathien verlieren, in der Presse zerrissen werden, als zu konservativ gelten. Wurde man zur Zeit des Apostels Paulus vor die Löwen geworfen, so wird man heute in den Medien plattgemacht.

Es gehört zu den unliebsamen Aufgaben auch heutiger Propheten, zur Umkehr zu rufen, die Dinge beim Namen zu nennen. Wer Angst vor den Menschen hat, kann dies nicht. Leute wie Bischof Mixa oder Kardinal Meissner schauen nicht darauf, ob ihre Mahnung gut ankommt, sondern ob sie ihrem kirchlichen Auftrag gerecht werden.

Sicher: Auch da ist Klugheit gefragt. Ein Christ überlegt sich ein Wort zweimal, bevor er – schweigt.

Habsucht im Deckmantel der Gewinnmaximierung wird nicht mehr als Götzendienst oder schwerwiegendes Laster empfunden. Das macht die Sache so gefährlich. Unreinheit im Deckmantel der Meinungs- oder Kunstfreiheit ist längst zum festen Bestandteil unserer Politik geworden. Und wer beim dümmlichen Zotenreißen nicht mitlacht, gilt als Spielverderber.

Man muss schon sehr selbstbewusst sein, will man als Einzelner gegen den Strom schwimmen. Es gibt noch Schauspieler, die sich weigern, „pornografische" Rollen zu spielen. Andere, die es in jungen Jahren getan haben, zeigen später Reue und geben zu, dass es ihnen peinlich ist, wie sie damals auftraten. Und das alles nur wegen des Geldes. Da haben wir sie wieder: die Habsucht.

Seltsam: Wo immer Jesus hinkam, gab es Zoff. Und wo wir hinkommen, gibt es Kaffee und Kuchen. Irgendwas machen wir falsch. Oder?

20. SICH ALS RITTERLICH ERWEISEN

„Legt die Waffenrüstung Gottes an … Eure Hüften umgürtet mit der Wahrheit, angetan mit dem Panzer der Gerechtigkeit …; ergreift den Schild des Glaubens …, nehmt den Helm des Heiles und das Schwert des Geistes, das ist das Wort Gottes." (Eph 6,11+14–17)

Christsein ist ein Kampf gegen böse Mächte, gegen ungute Neigungen und gegen Anfechtungen von außen. Der Orden der „Legionäre Christi" (Sitz in Münstermaifeld/ Eifel) versteht sich als eine Truppe von Glaubenskämpfern, nicht im militärischen, sondern im geistlichen Sinn.

So hat es Paulus auch gemeint. Martialisches Auftreten und Bekämpfen Andersgläubiger ist nicht im Sinn Gottes; er fordert sogar auf, den Feind zu lieben.

Wenn schon jeder Mensch ritterliches Verhalten zeigen sollte, um wie viel mehr wird dies von Christen erwartet: höflich, doch nicht anbiedernd; couragiert, doch nicht waghalsig; beschützend, doch nicht vereinnahmend.

Ritter genossen im Mittelalter hohes Ansehen und noch heute wird einem Menschen durch den Ritterschlag eine große Ehre zuteil. So sollten sich getaufte und von Gott erwählte Menschen immer auch ihrer Würde bewusst sein: Sie sind berufen, für ihren Glauben einzutreten und für Gott zu kämpfen, selbst wenn sie dabei ihr Leben lassen müssen

Die geistlichen Waffen sind also Wahrheit, Gerechtigkeit, Glaube und das Wort Gottes. Man kann mit Worten jemanden niedermachen oder aufrichten. Das Wort Gottes richtet auf, ermahnt, heilt, kann aber auch töten. (So fällt das betrügerische Ehepaar Hananias und Sapphira tot um, nachdem Petrus sie im Namen Gottes zur Rechenschaft zog und des Betrugs an Gott anklagte. [Apg 5,1 ff.])

Die Rüstung, von der Paulus spricht, ist also eine geistige, die nicht dem Angriff dient, sondern dem Schutz. Heute gibt es nur wenige Einzelkämpfer, die mutig Jesu Lehre verteidigen und dafür eine Menge Hiebe einstecken. Das Säbelrasseln auf dem Schlachtfeld der Eitelkeiten, Manipulationen und materialistischen Ausbeutungen ist laut. Wer da aus der Formation heraustritt, wird zur willkommenen Ablenkung von den eigenen Schwächen.

Mich deucht, dass viele Christen eine ziemlich rostige Waffenrüstung im Schrank haben. Einige haben sie schon längst auf dem Jahrmarkt der esoterischen Selbstdarstellung verscherbelt.

21. UM DIE RECHTEN ENTSCHEIDUNGEN BETEN

„Lebt in ständigem Gebet und Flehen; betet allezeit im Geiste und seid wachsam in aller Ausdauer und Fürbitte ... auch für mich, dass mir das rechte Wort gegeben werde."
(Eph 6,18 f.)

Um die Welt stünde es besser, wenn sie sich an diese Empfehlung halten würde: beharrliches Beten um Erleuchtung und richtiges Tun.

Wo immer in eigener Regie ohne göttliche Eingebung gehandelt wird, geht vieles daneben, gleichgültig ob es sich um politische, wirtschaftliche oder private Entscheidungen handelt.

„Ständig" beten meint ein Leben, das auf Gott ausgerichtet ist; es bedeutet nicht ein permanentes Beten frommer Texte. In der benediktinischen Regel „Ora et labora" versteckt sich das Wort „ora" (=bete) zweimal. Es heißt also: Bete und arbeite betend.

Wir alle, besonders jene, die Verantwortung tragen, bedürfen des Gebetes. Deshalb bittet Paulus auch für sich um die Fürbitte. Hat man je gehört, dass ein Politiker öffentlich um das Gebet bat? Sicher, in besonders großen Krisenzeiten wird zu Gedenkminuten und Andachten aufgerufen; bei festlichen Anlässen läuten die Glocken.

Es bleibt zu hoffen, dass wir vor wichtigen Entscheidungen den Geist Gottes um Erleuchtung bitten und dass nicht nur die Kirchen diese Anliegen in ihren Gottesdiensten aufnehmen.

So manche Mahnwache konnte eine Veränderung geplanter Unsinnigkeiten erreichen; sie durchkreuzte buchstäblich gegnerische Strategien. So sagten in einer deutschen Großstadt die Satanisten ihr geplantes Treffen ab, nachdem eine Schar beharrlicher Christen drei Tage lang vor dem Kongresssaal gebetet hatte.

Ich kenne Geschäftsleute, die jeden Morgen um den Beistand des Heiligen Geistes beten, vor allem im Hinblick auf personelle und finanzielle Entscheidungen. Sie wollen bei allem Konkurrenzdruck und verlockenden Angeboten fair bleiben und brauchen dabei eine klare Unterscheidungsgabe. Das meint Paulus mit Wachsamkeit.

Wie sähe das Fernsehangebot aus, wenn die Macher mehr beten würden? Wenn sie sich nicht vom Geld steuern ließen, sondern von der Sorge um Wahrhaftigkeit und Qualität?

Paulus legt Wert auf erleuchtete Menschen, nicht auf Blender und nicht auf Armleuchter. Von denen gibt es zu viele. Manchmal scheinen die „Kinder dieser Welt in ihrer Art klüger zu sein als die Kinder des Lichts", sagt Jesus (Lk 16,8). Aber eher selten; denn die weltliche Klugheit ist begrenzt und bewegt sich nur im kleinen Rahmen menschlichen Denkens; die Kinder des Lichts kommen da weiter. Es sind jene, die um ihre Begrenztheit wissen und sich auf Gott verlassen. Nur die Beter vermöchten noch, die Welt zu ändern, sagte Reinhold Schneider. Am Ende stehen sie besser da. Und wer zuletzt lacht, lacht am besten.

22. AUS LIEBE DEN GLAUBEN BEZEUGEN

„Einige verkünden Christus aus Neid und Streitsucht, andere dagegen in guter Absicht … Die es aus Streitsucht tun, meinen, mir noch Kummer bereiten zu können." (Phil 1,15+17)

Kann man die Lehre Jesu von der Versöhnung und Nächstenliebe aus Neid und Streitsucht verkünden?

Paulus durchschaut die Motive einiger „Konkurrenten"; sie sind auf seine Erfolge neidisch und versuchen nun, sich in die vordersten Reihen zu drängen, um auch einmal in den Blickpunkt der Öffentlichkeit zu gelangen.

Paulus war am öffentlichen Auftreten durch die römische Behörde gehindert worden. Jetzt sehen einige Eifrige die Möglichkeit, sich an seine Stelle zu setzen. Sie lehren durchaus die richtige Botschaft, wissen vielleicht nicht einmal um ihre wirklichen Motive; deshalb bremst sie Paulus auch nicht.

Zu jeder Zeit gab es solche Menschen, die nicht vom Geist des Christentums ergriffen waren, sich aber trotzdem für ihn einsetzten. Mitunter machten sie sogar steile Karriere innerhalb der Kirche.

Wir wissen nicht genau, welche privaten Rivalitäten hier mitspielen; es gab in Rom Leute, die eine ablehnende Haltung den Aposteln gegenüber zeigten und sauer waren, dass Paulus aufgrund seiner vielen Gaben (er hatte die Gaben der Heilung, der Erkenntnis und der Prophetie) so begeistert in den Gemeinden aufgenommen wurde. Wahrscheinlich fühlten sie sich von ihm aus ihren Positionen verdrängt und sahen jetzt, wo er Auftrittsverbot hatte, die Chance auf eine bessere Stellung.

So erweist sich manchmal ein gewisser Übereifer in der Verkündigung als ungut; tatsächlich kommt es auch heute vor, dass Christen dieselbe Botschaft aus unterschiedlichen

Gründen lehren. Mitunter werde ich das Gefühl nicht los, dass gewisse Sondergruppen innerhalb des Christentums sehr eifrig, ja fast fanatisch und eng, die Bibel an den Mann und die Frau bringen. Der Neid auf erfolgreiche Mitstreiter in der benachbarten Gemeinde ist kaum zu übersehen. Es wäre zu hinterfragen, wo die wahren Motive liegen, wenn christliche Splittergruppen am selben Strang ziehen, aber sich kaum begegnen wollen.

Wahre Liebe freut sich über den Erfolg des Mitmenschen. Ihr ist an der Sache gelegen: Sie will die gute Botschaft der Bibel weitergeben und verbündet sich mit denen, die dasselbe Interesse haben. Wo es aber stark menschelt, treten Blockaden auf. Deshalb sollten wir uns hüten vor einem falschen Konkurrenzdenken.

23. SICH NICHT VOM FORMALISMUS EINENGEN LASSEN

„Gebt acht auf die Hunde. Gebt acht auf die Pfuscher. Gebt acht auf die Männer der Zerschneidung. Denn die Beschneidung sind wir, die wir im Geist Gottes anbeten ... und unser Vertrauen nicht auf das Fleisch setzen." (Phil 3,2 f.)

Kampfstimmung ist zu spüren. Es gab Auseinandersetzungen mit Juden, die der Meinung waren, dass eine Beschneidung der Heiden unabdingbare Voraussetzung für die Errettung sei. War der Schimpfname auf Heiden gemünzt, so meint Paulus hier diese Juden.

Nicht der ist ein Jude, der es äußerlich ist, auch ist nicht das die Beschneidung, die äußerlich geschieht, sondern der ist ein Jude, der es inwendig ist; es geht nicht um Formalismus und Buchstabentreue, sondern um die Einstellung des Herzens. So bezeichnet Paulus auch mit Recht diese Leute als „Zerschneider", weil sie aufgrund eines nur äußerlichen Zeichens das innere Verhältnis zu Gott abschneiden.

Entscheidend ist die gelebte Liebe; das Bundeszeichen Gottes hat für Paulus nur der an Christus Glaubende. Es gibt einen gravierenden Unterschied zwischen dem wahren Gottesvolk und dem formalen Judentum bzw. dem formalen Christsein.

Wer Gebote hält, wer ausschließlich gesetzlich denkt und handelt, wer also aufgrund seiner Buchstabentreue ein reines Gewissen zu haben vermeint, irrt sich. Nur wer das Leben auch wagt, über das Gesetzliche hinaus handelt, wird dem Anliegen Gottes gerecht. Er wird vermutlich viele Fehler machen, gegen Gebote wissentlich und unwissentlich verstoßen. Wenn dieses aus menschenwürdiger Gesinnung heraus geschieht, handelt er richtig. Eine nur gesetzesfixierte Lebensweise reicht nicht aus.

Paulus legte stets Wert auf diese innere Gesinnung; alles

andere zerschneidet die Beziehung zu Gott und den Menschen.

Jemand, der nach religiöser Vorschrift fastet, entwertet sein Tun, wenn er zwar seine Gäste bedient, selbst aber nicht teilnimmt am Mahl. So etwas wirkt auf die Gäste befremdlich und keineswegs überzeugend. Hier wird die ansonsten berechtigte Fastenzeit zum reinen Formalismus.

Der hl. Franziskus hat einem Mitbruder verboten zu fasten, wenn dieser Besuch bekam. Niemand sollte wissen, dass er fastete. Der Verzicht auf dieses kleine Opfer kann mitunter das größere Opfer darstellen. Nur der hat ein reines Gewissen, der es nie benutzt.

24. IM GLAUBEN AUSHARREN

„Nur müsst ihr ausharren im Glauben, fest gegründet und unerschütterlich, und euch auch nicht abbringen lassen von der Hoffnung des Evangeliums ..." (Kol 1,23)

Es ist eine traurige Zeiterscheinung, dass die meisten Jugendlichen nach dem Empfang der Firmung/Konfirmation Abschied von ihrer Kirche nehmen und sich dann auch immer mehr von ihrem Glauben entfremden. Offenbar fehlt ihnen eine stabile Basis.

Christen ohne Kirche, d.h. ohne Gemeinschaft, laufen Gefahr, in ihrem Glauben zu erlahmen, weil der Glaube auf ein gemeinsames Zeugnis aufgebaut ist. „Wo zwei oder drei versammelt sind ...", sagt Jesus und weist auf den teilenden Charakter der Religion hin.

Bei besonderen Anlässen wie Taufe, Hochzeit und Begräbnis legen die meisten Wert auf diese Gemeinschaft, die sie möglicherweise Jahrzehnte nicht mehr aufgesucht haben.

Manche meinen, man könne ja auch beten und glauben ohne Bezug zu einer Kirche. Das ist richtig, vor allem bei jenen, die keinerlei Möglichkeit eines Kirchenbesuchs haben (Diaspora, abgelegene Gegenden, Länder mit Verfolgungsgefahr).

Kleine religiöse Gemeinschaften (Sekten, Sondergruppen oder ausländische Gemeinden in einer Großstadt) haben in der Regel ein sehr reges Gemeinschaftsbewusstsein und helfen sich so gegenseitig in der Erhaltung des Glaubens.

Die Erfahrung zeigt, dass Christen, die schon lange nicht mehr einen regelmäßigen Besuch ihrer Gemeinde pflegen, langsam „absterben" und es selbst kaum merken. Plötzlich müssen sie erkennen, dass sie innerlich leer geworden sind. Viele geraten in Glaubenszweifel, wenn Leid sie überkommt oder wenn ihre Gebete nicht erhört werden. Wenn dann noch eine unliebsame Aussage aus dem Mund ihres Pfarrers aus gar des Papstes kommt, geben sie ihren religiösen Bemühungen den finalen Schuss.

Diese waren aber zuvor schon angerostet, weil sie ihr Gebetsleben haben brach liegen lassen.

Aushalten kann nur einer, der fest gegründet steht. Sein Verhältnis zu Gott ist stabil und lässt sich nicht durch Krisen aufweichen. Dazu sind Gebete erforderlich. Schwache Gemüter und wankelmütige Geister sind leicht verführbar, lassen sich schnell abbringen vom Glauben, sobald einer daherkommt, der ihre innere Leere mit interessanten und vielfach auch glücksversprechenden Lehren füllt.

Beten meint nicht irgendwelche Worte machen, sondern sich geistig mit Gott verbinden. Es reicht auch, sich Jesus vorzustellen und mit ihm in ein Zwiegespräch zu gehen.

Wie viele Liebende halten durch, wenn es darum geht, auf ihren Partner zu warten, der vielleicht in militärischem Einsatz im Ausland oder im Gefängnis ist. Es ist die Liebe, die so was ermöglicht. Fehlt sie, gelingt das Durchhalten nicht mehr. So auch in Bezug auf Gott. Wer kein persönliches Verhältnis zu Gott aufgebaut hat, wird die Durststrecken des Glaubens schwerlich aushalten.

25. DEM LEID EINEN SINN GEBEN

„Nun freue ich mich an den Leiden, die ich für euch erdulde, und was an den Drangsalen Christi noch fehlt, will ich an meinem Körper ergänzen zugunsten seines Leibes, das ist die Kirche." (Kol 1,24)

Paulus geht es schlecht; er erlebt Widerwärtigkeiten, Verfolgung und körperliche Züchtigungen (er bekam wiederholt Peitschenhiebe). Aber das kann seine Stimmung nicht kaputtmachen. Er freut sich sogar.

Mit Masochismus hat das nichts zu tun, denn dann würde er die Schmerzen um einer neurotischen Lust willen suchen. Es ist das Erleiden für andere, für Christus; ein stellvertretendes Leiden, das andere verschont.

Wenn ein Mensch weiß, dass er einem anderen, geliebten Menschen Schmerz ersparen kann, indem er an dessen Stelle leidet, bleibt das Empfinden von Freude bestehen. Wieder einmal ist dies nur möglich, wenn die Liebe das Motiv ist.

So ist es eine geschickte Strategie, wenn jemand seinem Leid einen Sinn gibt, etwa den des stellvertretenden Leidens. Wer es Gott hinhält oder wer es für andere erträgt, tut sich leichter. Wir wissen, dass viele Heilige ihre Krankheiten und erlittenen Kränkungen zugunsten der Bekehrung Ungläubiger aufgeopfert haben. Das gibt dem Leid einen Sinn. Tatsächlich ist dies auch das Motiv des Paulus.

Es fällt auf, dass gerade dort, wo Christen verfolgt werden, das Christentum wächst. Der Kommunismus in China und der Sowjetunion vermochte nicht, den Glauben der Menschen auszulöschen. Trotz – ja wegen der Ausrottung ging die Saat auf. Vom menschlichen Denken her kann so etwas nicht erklärt werden.

Gott straft nicht mit der Zulassung von Leid. Er verwendet es zum Guten, auch für jene, die das Leid abweisen. Und zwar aufgrund der vielen Menschen, die ausharren um des Glaubens willen, um Gottes willen.

Denn Jesus selbst hat vorausgesagt, dass die Christen um des Glaubens willen verfolgt werden. Wer ausharrt, bekommt das ewige Leben.

Ich denke, das bekommen auch jene, die vielleicht aus Angst und Schwäche nicht ausgeharrt haben. Sie verdanken dieses ewige Leben eben den Leuten, die stellvertretend für sie das eigene Leid ertragen haben. Das sind die stillen, meist anonymen Helden des Alltags. Es sind die unzähligen Beter, die wie Pater Maximilian Kolbe das Leid eines anderen übernahmen, um ihn zu retten.

Wer es fassen kann, der fasse es. Und fassen kann das nur einer, der ein Mystiker ist. Sagte schon Karl Rahner.

26. BEI GEWISSEN PHILOSOPHIEN WACHSAM BLEIBEN

„Seid wachsam, dass euch nicht einer einfängt durch die Philosophie und leeren Trug nach Menschenüberlieferung und im Sinn der Weltelemente, aber nicht im Sinne Christi." (Kol 2,8)

Wenn gescheite Leute mit einer sehr gescheiten Philosophie daherkommen und beispielsweise „wissenschaftlich" untermauern, dass es keinen Gott geben kann oder dass Jesus gar nicht auferstanden ist, dann sollten bei Christen die Alarmglocken läuten.

Es gibt nicht wenige, die aufgrund solcher Überlegungen unsicher werden und irgendwann ihren Glauben an den Nagel hängen.

Wer überzeugend genug auftritt, vermag sogar blanken Unsinn zu verzapfen; er wird Fans gewinnen.

Paulus warnt ständig vor solchen Irrlehren. Was wurde nicht schon alles an Weisheiten verkauft, die tatsächlich nur Hirngespinste sind!

Man denke an die Bestseller „Das Sakrileg", „Da Vinci Code", „Verschlusssache Jesus", „Die Gottesmacher" usw. Der Verdacht drängt sich auf, schnelles Geld machen zu wollen; denn Kirchenkritik ist ein beliebtes Gesellschaftsspiel geworden und dient vielen zum Dampfablassen.

Gott lässt sich nicht verstandesmäßig erfassen; das kann ärgern. Und wenn dann noch subtile Ressentiments gegen alles Kirchliche mitschwingen, produziert das ganze Philosophieren Plattitüden.

Wie viele Rationalisten strapazierten die sogenannten Scheintodhypothesen (also Jesus war gar nicht wirklich tot), um nicht an die Auferstehung glauben zu müssen! Es ist etwas anderes, ob ich Glaubensprobleme habe oder ob ich meinen Unglauben mit allerlei Hypothesen, Scheinargumenten und nie vorgelegten Dokumenten beweisen will.

Der wahre Philosoph wird viele Fragen offen lassen, weil er um die Grenzen des menschlichen Verstandes und um die Gefahren eines heimlichen Wunschdenkens weiß.

Was bezweckt einer mit der Behauptung, Jesus sei mit Maria Magdalena verheiratet gewesen und habe mit ihr Kinder gezeugt?

Das Verwunderliche daran ist nicht so sehr diese stets neu aufgelegte alte Platte, sondern die Masse der begeisterten Mitläufer. Manchmal kann sogar Dummheit faszinieren.

Was nicht sein darf, kann nicht sein: Also kann es doch nicht sein, dass Atommeiler bei auffallend vielen Kindern Leukämie verursachen. Weil die Strahlendosis zu klein ist. Sagt man. Könnte es nicht sein, dass die jahrelange kleine Dosis dem steten Tropfen entspricht, der den Stein aushöhlt?

27. MITUNTER VISIONEN ALS ILLUSIONEN ENTLARVEN

„Keiner soll euch den Siegespreis aberkennen, indem er sich in Demut und Engeldienst gefällt, sich mit Visionen wichtig macht, während er doch nur ohne Grund aufgeblasen ist ..." (Kol 2,18)

Paulus kritisiert eine bestimmte Gruppe von sich elitär benehmenden Irrlehrern, die die Engel auf dieselbe Stufe heben wie Gott und darüber hinaus behaupten, Schauungen zu haben. Mit dem Hinweis auf erlebte Visionen wollen sie ihre Lehren untermauern und sich so Respekt verschaffen. Das nennt Paulus Wichtigtuerei.

Auch heute gibt es immer wieder solche Splittergruppen, die mit göttlichen Eingebungen hausieren gehen, sich vor allem auf Engel und geistige Führer berufen und dabei ziemlich abheben. Den Mitgliedern wird besonderes Heil versprochen, zumindest aber schwelgen sie in einem elitären Auserwählungsbewusstsein. So eine geistige Haltung verschließt sich gegen alle Zurechtweisung.

Die Klugheit gebietet, solchen Lehren gegenüber skeptisch zu bleiben, besonders bei Visionen, seien es mystische Schauungen oder Engelerscheinungen. Denn Paulus weist darauf hin, dass sich selbst der Teufel als Engel des Lichts präsentieren kann, um zu täuschen (2. Kor 11,14).

Wenn jemand behauptet, Erscheinungen zu haben, wird er streng geprüft, vorausgesetzt, er ist seelisch und geistig gesund. Eines der Kriterien für die mögliche Echtheit seiner Erscheinungen ist die Demut. Fehlt diese, werden seine Visionen aberkannt. Wer sich wichtig macht und in den Vordergrund drängt, hat keine Chance mehr, angehört zu werden. Bodenständigkeit und Skepsis – das, was Paulus Nüchternheit nennt – sind angesagt bei derartigen Phänomenen, weil das Arsenal der Selbsttäuschungen, Projektionen und Fehldeutungen groß ist. Der wirkliche Mystiker zeigt Demut, Gehorsam und unterwirft sich dem Urteil der Kirche. Und selbst wenn dieses Urteil ihm nicht gerecht wird, bleibt er im Hintergrund, gewiss leidend, nicht aber besserwisserisch. Und er wird seine Demut nicht genießen.

Es ist kein Vergnügen, auserwählt zu sein. Wer besondere Eingebungen oder Gaben hat, muss sich in Bescheidenheit üben, auch die Unterscheidung lernen. Die Gefahr ist groß, dass eigenes Denken oder frühe Kindheitsverletzungen das fromme Geschehen verfälschen. Viele sind in diese Falle getappt. Lieber zweimal zu viel echte Visionen ablehnen, als einmal zu viel eine falsche anerkennen.

28. DIE VERSCHIEDENEN TYPEN UNTERSCHEIDEN, NICHT BEWERTEN

„Da ist nicht Heide und Jude, Beschneidung und Vorhaut, Barbar und Skythe, Sklave und Freier, sondern alles und in allen Christus. Legt also an als Auserwählte Gottes … Erbarmen, Güte, Demut, Sanftmut und Geduld. Ertragt einander …!" (Kol 3,11–13)

Gläubige Menschen sollten aufhören, die unterschiedlichen Rassen, Hautfarben, Stellungen und Typen unterschiedlich zu bewerten oder gar abzuwerten. In Christus sind alle gleich. Mit Barbar bezeichnet Paulus den Nichtgriechen, mit Skythe meint er einen wilden, primitiven Menschen.

Es wird zwar in der Gesellschaft immer soziale Unterschiede geben, auch in der Bildung, doch darf dies im Umgang miteinander keine Rolle spielen. Vor Gott sind alle gleich. Er schaut auf die Herzen, auf die Nöte und Bedürfnisse. Genau das ist die christliche Botschaft: Behandelt jeden wie einen Bruder oder eine Schwester.

Im Alltag jedoch sieht es ganz anders aus: Da bekommen Schwarze oder Ausländer erst nach langem Suchen ein Zimmer oder eine Arbeit; da werden bei den Lohntarifen Unterschiede gemacht zwischen den Geschlechtern; da bleiben die sozial Schwachen oft auf der Strecke. Die Gerechtigkeit ist noch nicht angekommen.

Christen sollten sich unterscheiden von Nichtchristen, indem sie alle freundlich behandeln, verbindlich miteinander umgehen. Im Gottesdienst werden wir als Brüder und Schwestern angesprochen, im Alltag hingegen ist das vergessen. Da lassen wir uns zu sehr von Vorurteilen („Afrikaner sind laut") oder Verallgemeinerungen („Frauen parken schlecht ein") steuern.

Wer immer sich abgrenzen will von anderen, läuft Gefahr,

sich für besser zu halten. Davor hat Jesus gewarnt. Er praktizierte deshalb in manchmal provokanter Weise ein Verhalten, das er auch uns ans Herz legt: Er berührte Aussätzige, half jedem, der ihn um Hilfe bat, ließ Gebote außer Acht, wenn es um menschliche Not ging, und stellte sich schützend vor die Schwachen. Er stärkte Menschen den Rücken, derweil wir eher in denselben fallen.

Je mehr wir die anderen anerkennen und in die Gesellschaft integrieren, desto besser verstehen wir sie und sie uns. Es ist nämlich die Angst vor dem Unbekannten, die uns oftmals so abweisend und vorurteilsvoll handeln lässt.

Wir sollten uns daher bei aller Unterscheidung in Mentalität und Kulturbildung nie gegenseitig abwerten, weil wir uns dann über die anderen erheben und Gott, den Vater aller Geschöpfe, beleidigen.

29. KEINEN MITMENSCHEN VERSKLAVEN

„Ihr Herren, gewährt euren Sklaven, was recht und billig ist. Ihr wisst ja, dass auch ihr einen Herrn im Himmel habt."
(Kol 4,1)

In unserer westlichen Gesellschaftsordnung gibt es keine Sklaverei mehr. So denken viele mit dem Blick auf Afrika und Asien.

Doch präsentiert sich die moderne Sklaverei in einem anderen Gewand: Es sind die unterbezahlten Billig-Leiharbeiter, die verarmten Hartz IV-Empfänger und das Heer der Ein-Euro-Jobber, ganz zu schweigen von den Kindern in Asien, die in Hinterhöfen Teppiche knüpfen und in Bergwerken schwer schuften müssen, und von den Kinderbräuten in Afghanistan.

Wo immer wir Billigwaren kaufen können, verbirgt sich der Schweiß ausgebeuteter Menschen. Dabei gewähren die Herren allenfalls das, was „recht billig" ist, und nicht, was „recht und billig" ist.

Eine solche soziale wie ökonomische Schieflage hat zur Folge, dass immer mehr arme Menschen der Gesellschaft zur Last fallen und die Kluft zwischen Arm und Reich zunimmt. Jede Form der Ausbeutung ist Sklaverei und Sünde. Die ausgleichende Gerechtigkeit hat Jesus allen versprochen, wobei die Ausbeuter einen gewaltigen Tribut zahlen werden, wenn sie vor Gott Rechenschaft ablegen müssen.

Lazarusse gibt immer mehr, hingegen nur einige reiche Prasser, die sich auf Kosten anderer verwirklichen. So etwas nährt die Unzufriedenheit im Volk, auch die Kriminalitätsquote derer, die nichts zu verlieren haben.

Weil wir uns in fragwürdige Firmenstrukturen, komplizierte Steuerverfahren und Kompetenzverfilzungen verstrickt haben, in denen niemand mehr eine persönliche Schuld empfindet, fühlt sich kaum einer angesprochen. Viele Politiker sind blind, korrupt oder so abgehoben, dass sie nicht wirklich wissen, was in der Bevölkerung abgeht.

Wer Menschen ihrer Würde und Rechte beraubt, macht sich strafbar. Denn „die Würde des Menschen ist unantastbar" (§ 1 des Grundgesetzes) und die Soziallehre lehrt, dass Arbeit wichtiger ist als Besitz.

Eine Gesellschaft, in der immer mehr Leute von ihrer Arbeit nicht leben können und auf Sozialhilfe angewiesen sind, ist krank. Es kann nicht angehen, dass derzeit drei Milliarden Menschen von weniger als zwei Euro am Tag leben müssen. Gleichzeitig verfügen fast 500 Milliardäre über mehr Geld als die gesamte ärmere Hälfte der Menschheit.

Und es stellt sich die Frage, wie diese Leute zu ihrem Geld kamen?

30. DEN ANDEREN NICHT BESIEGEN, SONDERN GEWINNEN

„Im Verkehr mit den Außenstehenden seid weise: Kauft die Zeit aus. Eure Rede sei allezeit liebenswürdig, mit Salz gewürzt, sodass ihr wisst, wie ihr einem jeden antworten sollt." (Kol 4,5 f.)

Wo gibt es denn das noch: im Gespräch mit Andersgläubigen weise sein, keine Minute vertrödeln, liebenswürdig bleiben und obendrauf noch dem Gespräch seine Würze geben?

Jesus fordert uns auf, Salz der Erde zu sein. Manchmal bekomme ich das Gefühl nicht los, dass manche Christen mehr versalzen als würzen. Aber die meisten haben in ihrem Glauben gar kein Salz mehr. Da schmeckt fast alles ziemlich fad.

Während wenige versuchen, den Andersgläubigen zu überreden und ihm seine Ansichten als falsch hinzustellen, hören andere wenige sehr lange und geduldig zu, ohne zu missionieren. Sie suchen vielleicht das Gemeinsame, nicht so sehr das Trennende, und tolerieren den „Außenstehenden".

Die Mehrheit ist gleichgültig, ihr ist also alles gleichermaßen gültig. Dahinter steht weniger Toleranz als Desinteresse. Wie soll man heute einen suchenden oder in weltanschaulichen Dingen verirrten Menschen überzeugen können? Will man es überhaupt? Wenn ja, warum und wie?

Ich glaube, dass ein echtes Interesse (erkennbar am Zuhören) und die eigene Art, den Glauben zu leben (existenzielles Zeugnis), die besten Methoden sind, jemanden zu gewinnen. Nicht Besserwisserei, nicht Moralismus und nicht das Bewerfen mit Bibelzitaten vermögen einen Menschen zu überzeugen, sondern nur die persönliche Präsentation. Die meisten Christen leben nur „drinnen", d.h. unter sich; da erstirbt der missionarische Charakter. Dabei ist es bekannt, dass achtzig Prozent aller, die heutzutage zur Gemeinde finden oder sich taufen lassen, durch persönliches Zeugnis gewonnen wurden.

Es geht nicht nur um Glaubensgespräche. Was Paulus hier anmahnt, betrifft unser gesamtes Auftreten. Da kann einer noch so fromm seine Gebote halten und die Bibel kennen; dies überzeugt nur dann, wenn er in Beruf und Alltag entsprechend Vorbild ist.

Wir sollten dabei getrost zum Salz greifen. Das bedeutet: ausdrucksstark und verbindlich reden, nicht blass und schwammig. Wir brauchen Klarheit in der Wahrheit und Saft in der Kraft. Leider aber gibt es immer weniger Christen, die in Glaubensfragen Bescheid wissen und das in einer liebenswürdig gesalzenen Weise.

31. WAHRHAFTIG AUFTRETEN OHNE HINTERGEDANKEN

„… So reden wir: nicht Menschen zu gefallen, sondern Gott, der unsere Herzen prüft. Denn niemals sind wir mit Schmeicheleien umgegangen noch mit versteckter Habgier … nie suchten wir Ehre von Menschen …, obwohl wir als Apostel Christi unser Gewicht hätten geltend machen können." (1. Thess 2,4–7)

Die Gefahr ist groß, dass missionarisch begabte und beauftragte Menschen ihre Botschaft auch verbreiten im Hinblick auf Selbstbestätigung. Die Grenze zwischen Selbstbestätigung und Freude über den Erfolg ist schmal. Entscheidend ist die Ehre Gottes, nicht die eigene.

Weil die Botschaft nicht auf menschlicher Einsicht, sondern auf göttlicher Eingebung beruht, braucht man auch nicht Menschen zu gefallen. Zugegeben: Es ist schwer, Verbindlichkeiten und bisweilen trockene Kost so an den Mann und die Frau zu bringen, dass man nicht ausgelacht oder weggejagt wird.

Das hat Paulus oft genug erlebt; außerdem schnitt er schlecht ab, wenn es um äußere Bewertungen ging: Er war klein (Paulus bedeutet: gering, klein), kein guter Redner, hatte eine eher schwache Konstitution. Da fällt Eitelkeit ohnedies etwas schwerer.

Die heutige Werbung versucht mit Gefälligkeiten zu gefallen und bedient sich ungeniert der Halbwahrheiten, präsentiert sich von der besten Seite und hat uns, ehe wir uns versehen, über den Tisch gezogen.

Nicht so die Lehre Jesu. Nicht so Paulus. Er verkündet ohne Hintergedanken das, was ihm aufgetragen ist, wohl wissend um seine Schwächen, die er in 2. Kor 10 kurz erwähnt.

Zweifelhafte Wanderphilosophen gab es schon damals, die verlogene Lobesworte und Schmeicheleien benutzten, um

Interessenten für ihre Sache zu gewinnen und sie an den christlichen Glauben zu binden.

Ganz abgesehen von der Habgier, die für etliche Verkünder der Guten Botschaft eine Versuchung darstellen mag, vor allem, wenn dicke Kollekten eingefahren werden oder reiche Leute üppige Spenden erbringen.

Zuletzt erwähnt Paulus, dass er seine Position nicht in die Waagschale geworfen hat, obwohl es ihm Vorteile verschafft hätte. Wer mit fragwürdigen Hintergedanken auftritt, wird dieses Spiel nicht lange treiben können; die Menschen haben dafür einen Riecher. Es wird aufgedeckt, wenn jemand Wasser predigt und Wein trinkt.

32. SICH NICHT AUF KOSTEN ANDERER BEREICHERN

„… dass niemand sich Übergriffe erlaube und seinen Bruder geschäftlich übervorteile, denn das wird der Herr rächen." (1. Thess 4,6)

Wenn wir stets die Folgen unseres Handelns vor Augen hätten, sie konkret sehen würden, wäre es leichter, sich an das Gute zu halten. Wir vergessen den Hinweis auf ein endgültiges Gericht, wir glauben nicht daran oder wir denken ähnlich wie die meisten Kriminellen: Mich kriegen sie schon nicht.

Es gibt Berichte von reanimierten klinisch Toten, die ihr Leben als Film nochmals vor Augen geführt bekamen und dabei die Folgen ihres Tuns sahen. Das hat ihnen die Augen geöffnet; sie haben ihr neu gewonnenes Leben verändert und lebten im klaren Bewusstsein eines späteren Gerichts. Man kann darüber streiten, welches die schlimmsten Vergehen sein mögen; ich glaube, dass die Ausbeutung der Mitmenschen und die Beraubung ihrer Würde ganz oben stehen. Ob diese Ausbeutung sexueller oder materieller Art ist, bleibt gleich. Da nimmt sich ein Mord im Affekt fast harmlos aus. Staatliche Übergriffe in Form von Ausbeutung fremder Ressourcen/Energien, Menschenhandel und Zwangsprostitution, Folter und Versklavung, all das sind kapitale Sünden, die nicht ungebüßt bleiben.

Die Verführung ist groß, sich mal kurz am Geldbeutel des anderen zu bedienen und ihn abzuzocken. Die telefonischen Ratesendungen im TV gehören zur Kategorie der Abzocker, da sie mit hohen Gewinnen locken, die zu teuren Anrufen animieren. Ob tatsächlich diese hohen Summen ausbezahlt werden, ist ungeklärt. Es gibt bereits juristische Bedenken, weil das Verfahren undurchsichtig ist und man trotz stundenlanger telefonischer Versuche nicht durchkommt. Auch sind manche Schnäppchen keine. Preismanipulationen und Vermengung mit Billigware sind an der Tagesordnung. Und allzu oft steht das Wichtigste im Kleingedruckten bzw. im Verschlüsselten. So ist die ofenfrische Ware nicht frisch, sondern eine alte Ware, die man gerade frisch aus dem Ofen geholt hat.

Die Bettelmafia aus dem Osten betreibt gleich doppelte Ausbeutung: die des spendenfreudigen Bürgers und die des herangekarrten Zwangsbettlers. Der nämlich bekommt das Wenigste.

Die Bereicherung auf Kosten anderer hat ihre Wurzel im ungerechten System der Lohnverteilung. Sie wird angeheizt durch die täglichen Berichte über immense Managergehälter und über das üppige Leben prominenter Mitmenschen. So wachsen Unmut und Neid.

Bleibt nur noch der einzige Trost: Gott wird jeden zur Rechenschaft ziehen und dann gilt der prophetische Hinweis im Magnifikat: „Die Hungernden beschenkt er mit seinen Gaben und lässt die Reichen leer ausgehen." (Luk 1,53)

Ich will es hoffen.

33. WACHSAM BLEIBEN

„Ihr wisst ja, dass der Tag des Herrn kommt wie ein Dieb in der Nacht. Wenn sie sagen werden: Friede und Sicherheit, dann überfällt sie plötzlich Verderben … Lasst uns also wachsam sein und nüchtern." (1. Thess 5,2 f.+6)

Sind wir denn nicht wachsam genug? Da haben wir Videokameras und Abhörgeräte, Funkpeiler und hochsensible Lauschantennen, wir haben Alarmsirenen, Spamfilter und vieles mehr zur Sicherung unseres Alltags. Der Staat wacht über uns. Inzwischen überwacht er uns.

Paulus bezieht sich auf das Wiederkommen Christi. Das spielt in unserem Alltag keine Rolle. Wir sind nur wachsam im Hinblick auf ganz irdische Diebe, auf Tresorknacker, Terroristen und Tsunamis.

Das mit Gott – das hat noch Zeit. Es geht jetzt schon 2000 Jahre so und nichts ist passiert.

Im Üben der innerweltlichen Wachsamkeit sind wir gut. Doch die geistliche Wachsamkeit fehlt uns. Denn das Kommen des Herrn geschieht in jedem von uns, und zwar im Augenblick des Todes. Sind wir vorbereitet?

Wenn wir unseren Todestag wüssten, wäre das einfacher. Dann könnten wir uns kurz zuvor darauf einstellen, dem lieben Gott unsere Sünden beichten, bereuen und das Testament machen. Kaiser Konstantin hat das so gemacht, aber nicht, weil er das Datum seines Endes kannte, sondern weil er ein bisschen gepokert hat mit Gott. Er ließ sich erst gegen Lebensende taufen, da er wusste, dass mit der Taufe alle Sünden vergeben werden. Ein praktisch denkender Mensch, dieser Konstantin.

Mir scheint, viele von uns pokern. Das kann in die Hose gehen. Besser wäre es, so zu leben, dass man jeden Tag abdanken könnte und eine gute Abschlussbewertung seines Lebens hinbekäme.

Wachsamkeit hat etwas zu tun mit Achtsamkeit. Und die scheint nicht üppig zu sein auf dieser Welt.

Da wird achtlos Abfall im Wald abgeladen, achtlos ein Mensch in seiner Not übersehen und achtlos im Straßenverkehr gehandelt. Wir haben achtlos unsere Welt verschandelt und das Klima verrückt gemacht. Jetzt kommt die Rache. Noch können wir retten, was zu retten ist. Nicht nur klimatisch, auch geistlich.

Da fällt mir ein, dass ich noch beichten wollte.

34. BESONDERE GABEN SOLLTEN GEPRÜFT WERDEN

„Löscht den Geist nicht aus. Prophetenwort verachtet nicht, Prüft alles, das Gute behaltet!" (1. Thess 5,19–21)

Paulus spricht von jenen Gaben, die in den Gottesdiensten häufig auftraten: Da gab es Menschen, die vom Heiligen Geist erfüllt plötzlich in fremden Sprachen redeten (Xenolalie) oder Dinge aufdeckten, die sonst niemand erkannt hätte (Erkenntnis), oder Worte der Erbauung und Tröstung, aber auch der Mahnung sprachen (Prophetie).

Nicht alle waren damit einverstanden und lehnten diese charismatisch begabten Personen ab. Auch heute erleben wir diese Charismen (=Gaben des Heiligen Geistes) in Gottesdiensten der pfingstlerischen oder charismatisch geprägten katholischen/evangelischen Gemeinden.

Für jene, die diese Gaben hatten, bestand die Versuchung in der Wichtigtuerei, für die Hörer lag die Versuchung in der eifersüchtigen Ablehnung.

Paulus mahnt nun zur Klugheit. Man möge die Dinge prüfen und dann entscheiden.

Jeder muskalisch oder sportlich begabte Mensch wird seine Gabe testen und bei positivem Resultat ausbilden. Das gilt auch für die übernatürlichen Gaben. Allerdings neigen wir dazu, diese eher als „eingebildet" abzuwerten und abzuwürgen, auch aus Angst vor ablehnenden Reaktionen.

Nicht die Form ist maßgebend für die Beurteilung, sondern der Inhalt und die Wirkung. Maßstab bleibt die Übereinstimmung mit dem Glauben und die Erkenntnis: Allein Jesus ist der Herr. Sonst besteht die Gefahr eines Abdriftens zu einem anderen Evangelium.

Wenn zu viele Menschen mit ihren Erkenntnissen und Prophetien die Versammlung stören, muss man Einhalt gebieten. Ich habe es einmal lebt, dass nahezu zehn unterschiedliche „Eingebungen" in einer großen Versammlung betender Charismatiker geäußert wurden; das verwirrte nur. Schließlich hat der Leiter dem Einhalt geboten.

Wenn nun einer kommt und „im Namen Gottes" zu einer krebskranken Frau sagt: „Gott wird dich heilen. Geh wieder zu den Sakramenten, bekehre dich und bis Ostern bist du geheilt", dann wird sich an Ostern zeigen, ob seine Erkenntnis von Gott kam oder nicht. Diese Heilung muss offenbar und bleibend sein, um reine Placebo-Effekte zu vermeiden.

Prophetische Worte sind vielfach zu lesen und zu hören; nur sie werden nicht also solche erkannt. Wer auf die drohenden Gefahren unserer falschen Umweltpolitik hinweist und ein sofortiges Umdenken verlangt, spricht prophetisch. Insofern ist also Al Gore ein Werkzeug Gottes.

Doch zeigt sich leider allzu oft, dass Propheten im eigenen Land nichts gelten. Vielleicht muss wirklich erst eine weltweite Katastrophe kommen, damit die Betonköpfe zur Einsicht gelangen.

35. VERGELTUNG NICHT MIT BILLIGER RACHE VERWECHSELN

„Denn es ist doch gerecht von Gott, dass er euren Bedrängern mit Drangsal heimzahlt …, wenn sich der Herr Jesus vom Himmel her mit den Engeln seiner Macht offenbart in flammendem Feuer, um Vergeltung zu üben an denen, die Gott nicht kennen, und an denen, die dem Evangelium nicht gehorchen." (2. Thess 1,6–8)

Harte Worte. Und dennoch: Wir alle wollen Gerechtigkeit und hoffen auf sie, da sie in diesem Leben kaum realisiert wird. Die Vergeltung ist allerdings nicht Sache des Glaubenden, sondern Angelegenheit Gottes. Er selbst wird für uns eintreten und Gerechtigkeit schaffen. Wir auf Erden sollen derweil die Fluchenden segnen, den Bösen Gutes tun und dem Sünder verzeihen. Das zeichnet den Christen unter allen Nichtchristen aus. Doch viele wollen da nicht mitmachen und machen sich selbst zum Rächer.

Die Gefahr ist groß, dass der Rächer lediglich seine narzisstische Kränkung vergelten will und dann über das gerechte Maß der Rache hinausgeht. Doch ist Rechthaberei noch nicht Rechthaben.

Paulus erwähnt zwei Gruppen: die, die Gott nicht kennen, und jene, die ihn zwar kennen, aber ihm nicht gehorchen. Selbstverständlich sind mit der ersten Gruppe nicht Personen gemeint, die aus Unkenntnis des Evangeliums handeln, sondern die sich ihm aus Bequemlichkeit oder Hochmut verschließen. Während die zweite Gruppe zwar „Ja" sagt, aber „Nein" meint.

Immer wieder erwähnt Paulus die bitteren Konsequenzen der bewussten Gottesablehnung und Gehorsamsverweigerung. Er geht nicht zimperlich um mit Begriffen wie „Hölle" und „ewige Verdammnis". Das mag uns heute stören, weshalb selbst Theologen diese finsteren Begriffe relativieren.

Doch mit welchem Recht und mit welcher Erkenntnis darf ich mir eine Relativierung anmaßen?

Wir wissen nicht, wie die Vergeltung letztlich aussieht. Wer Gott ablehnt, hat seine Hölle schon; denn sie bedeutet: frei gewählte Gottesferne. Wer an ihn glaubt, aber in seiner Schwachheit fällt, darf mit Gnade rechnen; denn er lehnt Gott nicht ab.

Wie sollen wir umgehen mit einem Verbrecher, der ein Kind erst kidnappt, dann sexuell missbraucht und zuletzt tötet? Wie ist mit ihm zu verfahren, wenn er dies bereut, und wie, wenn er es nicht bereut?

Was ist mit ihm, wenn er unmittelbar nach der Tat stirbt?

Angesichts solcher Probleme sollten wir froh sein, dass nicht wir, sondern Gott selber für die ausgleichende Gerechtigkeit sorgen wird.

36. ZURECHTWEISUNGEN SACHLICH ANGEHEN

„Wenn einer unserer brieflichen Anweisung nicht Folge leistet, so merkt ihn euch. Verkehrt nicht mit ihm, damit er beschämt werde. Aber behandelt ihn nicht als Feind, sondern weist ihn zurecht als einen Bruder." (2. Thess 3,14 f.)

Ein schwieriges Unterfangen. Im Regelfall sind beide Seiten gekränkt und kommen nur schwerlich aus dieser Gefühlslage heraus. Nur derjenige, der Person und Sache trennen kann, ist imstande, fair und objektiv zu reagieren. Mit dem Gegner nicht verkehren ist eine Art Exkommunikation: Er wird nicht mehr eingeladen oder besucht, gleichzeitig soll er doch noch als Bruder (bzw. Schwester) empfunden und sachlich getadelt werden. Ein schmaler Grat, den wohl die meisten Menschen nicht gehen können.

Der soziale Ausschluss ist schon schlimm genug. Da muss man nicht auch noch andere Bestrafungen folgen lassen.

Ein Chef darf einen Mitarbeiter mahnen und im wiederholten Fall zwangsbeurlauben. So wird eine Zeit zum Nachdenken und Einlenken gewährt, ohne die Person anzugreifen. Wut, Schuldzuweisungen oder andere Formen von emotional geprägten Racheakten sind unzulässig, weil sie nicht mehr der Sache dienen.

Man muss wissen, dass diesen öffentlichen Maßnahmen der Kirchenzucht, von denen Paulus spricht, zwei Schritte vorausgehen: die persönliche Ermahnung des Betroffenen und die Hinzuziehung von Zeugen. So nachzulesen bei Matth 18,15.

Auch ein Täter muss als Person respektiert werden. Die Erfahrung zeigt, dass faire Behandlung rascher zu Einsicht und Aussöhnung führt als rigorose Maßnahmen.

Haben Sie zur Zeit eine Auseinandersetzung mit jemandem? Wie gehen Sie damit um? Grüßen Sie oder ignorieren Sie ihn auf der Straße? Helfen Sie ihm bei der Reifenpanne oder nicht? Geben Sie ihm Vortritt an der Kasse, weil er es eilig hat, oder nicht?

Wir tun uns manchmal schwer mit der Sachlichkeit, da wir der Meinung sind, jede Zuwendung und Höflichkeit könne als Zustimmung für eine Tat gedeutet werden; und deshalb verhalten wir uns pauschal ausgrenzend. Nur ja nicht zeigen, dass der andere trotz seines Fehltritts durchaus gute Seiten hat! Das wahre Motiv einer solchen allgemeinen Ablehnung kann der in uns versteckte Moralismus sein oder/und die Unfähigkeit zur Akzeptanz der eigenen Fehler.

Sündenböcke entlasten die Gesellschaft; wir verurteilen gern jene Fehler, die wir auch haben oder hätten, wenn wir die anderen wären. Nur derjenige, der seine eigenen Schatten annehmen kann, vermag die Not des Täters zu sehen und sachlich zu bewerten. Können Sie es?

37. UNFRUCHTBARE DISKUSSIONEN MEIDEN

„Ich habe dich beauftragt ..., gewissen Leuten Einhalt zu gebieten, dass sie keine Irrlehren verbreiten und sich nicht mit Fabeln und endlosen Geschlechtsregistern befassten, die nur mehr Streitereien hervorbringen." (1. Tim 1,3 f.)

Paulus hatte Timotheus gebeten, in Ephesus zu bleiben, um dort gewisse Leute zu mahnen, die die seltsamsten Sonderlehren verbreiteten. Es waren Bewegungen, wie sie heute wieder aufkommen, die Altes und Neues, Westliches und Östliches, auch okkulte Machenschaften ineinander mengten und das Ganze als Erkenntnisse des neuen Zeitalters ausgaben.

Dieser Mischmasch (Synkretismus) verwirrt die Leute und zielt letztlich auf eine Welteinheitsreligion, in der Offenbarung „Hure" genannt (Offb 17,1).

Paulus spricht die Geschlechtsregister an. Es gibt sie auch in der Bibel, wo die Abstammungen einzelner Generationen über David bis hin zu Adam und Eva aufgezeigt werden. Für die Juden schien es wichtig, ihre genaue Herkunft zu kennen in der Geschlechterfolge von den Stammvätern her.

Doch für das neue Volk, von Jesus gerufen und durch die Taufe Gott gehörend, ist es nicht wichtig, wer von Abraham abstammt, sondern wer wie Abraham glaubt. Da sind langwierige Beschäftigungen mit Generationsregistern überflüssig und zeitraubend. Außerdem war die genaue Herkunft meist nicht zu klären.

Weil diese Diskussionen ganze Gemeinden spalteten und vom Eigentlichen ablenkten, verpasste Paulus diesen Leuten eine Maulschelle. Es zeigt sich ja auch heute immer wieder, wie sehr pseudoreligiöse Themen mehr Fragen als Antworten aufwerfen und den Menschen regelrecht besetzen können. So was führt zu Rechthabereien und hoffnungslos verhedderten Diskussionen. Darin erkennt Paulus ein Ablenkungsmanöver böser Mächte und reagiert entsprechend heftig.

In der heutigen Zeit ist es nicht anders. Ständig wachsen neue sonderliche Lehren aus dem Boden. Die einen übernehmen sie gierig, weil sie keine stabile und überzeugende Heilslehre haben; die anderen rufen nach Klarheit und deutlichen Abgrenzungen.

Auch die Familienaufstellung befasst sich mit der Generationsfolge. Hier wird nach der Ursache von systemisch verstrickten Problemen gesucht bis hin zur vierten Generation. Das kann weiterhelfen oder auch nicht. Problematisch wird es erst, wenn man weitergehen will als bis zur vierten Generation. So sind Behauptungen, eine Krankheit sei zurückzuführen bis ins Mittelalter, nicht nur unüberprüfbar, sondern auch therapeutisch sinnlos. Gegen einen solchen Unsinn muss man sich wehren.

38. TAKTVOLLES BENEHMEN AN DEN TAG LEGEN

„Einen älteren Mann fahre nicht an, sondern sprich mit ihm wie zu einem Vater, mit jüngeren Männern rede wie zu Brüdern; mit älteren Frauen rede freundlich wie mit einer Mutter, mit jüngeren in aller Züchtigkeit wie mit Schwestern." (1. Tim 5,1 f.)

Benimmkurse haben wieder Zulauf. Und Benimmkurse gibt es nur da, wo in Elternhaus und Familie nicht genügend auf Takt und Höflichkeit geachtet wurde.

Tatsächlich fallen heute jene jungen Menschen auf, die sich zu benehmen wissen; man darf mit Gewissheit davon ausgehen, dass sie es zu Hause gelernt haben.

Besonders das Verhältnis zu den alten Menschen ist in unserem Land ziemlich gestört. Wenn schon Jugendliche von ihrer „Alten" reden und die eigene Mutter meinen; wenn sie alte Menschen anpöbeln oder verspotten, dann lässt sich nur erahnen, wie der familiäre Bodensatz ausschaut.

Auch die Medien bringen kaum Vorbildliches rüber, in Filmen und Talkshows sind Pöbeleien und peinliche Outings angesagt; Personalchefs wundern sich über das Auftreten von Bewerbern, die nur noch ein embryonales Gespür für richtiges Verhalten und Outfit haben. So sind die Worte des Paulus sehr aktuell, selbst wenn sie banal klingen.

In vielen Märchen müssen die Helden Prüfungen bestehen, bevor sie ihre Prinzessin in die Arme schließen können. Vielfach beziehen sich diese Prüfungen auf Klugheit, Wahrheit oder Demut.

Wer bescheiden und demütig ist, ist auch höflich. So lässt sich also erkennen, welche Charakterzüge vonnöten sind, die ein respektvolles Verhalten gegenüber dem Nächsten ermöglichen.

Ein arroganter Kotzbrocken ist ebenso wie ein zutiefst gedemütigter und unversöhnlicher Mensch unfähig zur Höflichkeit. Er reagiert seinen Unmut an anderen ab, meist an den Schwachen.

Umgekehrt gilt die Aufforderung zum höflichen Auftreten auch den alten Menschen. Wenn sie die Jüngeren angiften und nur an ihnen herumnörgeln, kommt kaum etwas Gutes zurück.

So sollten alle Beteiligten bemüht sein, miteinander pfleglich umzugehen, und auch dann Haltung bewahren, wenn der andere entgleist. Die beste Voraussetzung, taktvoll zu sein, ist die Verliebtheit. Selbst der Dümmste weiß, dass er nur durch Charme und rücksichtsvolles Auftreten gewinnen kann. Ob Prinzessin oder Prinz, ob einen Job oder ein Amt, Märchen können auch heute noch wahr werden.

39. GEEIGNETE LEUTE SUCHEN
UND GEDULDIG PRÜFEN

*„Lege nicht voreilig die Hände auf und mache dich nicht
mitverantwortlich für fremde Sünden; halte dich rein. Trin-
ke nicht ausschließlich Wasser, sondern genieße deines
Magens und deiner häufigen Schwächeanfalle wegen ein
wenig Wein."* (1. Tim 5,22 f.)

Hände auflegen bedeutet hier die Beauftragung zu einem neuen Amt; es ist in der Kirche stets verbunden
mit einer Weihe. So legt der Bischof dem Priesterkandida-
ten die Hände auf und ruft den Geist Gottes herab. Paulus
warnt vor zu schnellem Händeauflegen. Wahrscheinlich
hat er schlechte Erfahrungen gemacht oder er bremst den
Übereifer des jungen Timotheus, dem der Brief gilt.
Eine zu voreilige Dienstübertragung könnte Probleme bringen: Der Kandidat ist vielleicht noch gar nicht reif genug,
oder er schleicht sich als Feind in den Betrieb hinein.
Würde er unbedacht einen unreifen Kandidaten zu einem
wichtigen Dienst beauftragen und es käme zu Gefährdun-
gen und Ärgernissen, würde er sich mitschuldig machen;
deshalb: Halte dich rein.
Immer schon haben die Ordensoberen und die Chefs der
Priesterseminare ihre Kandidaten geprüft. Da sind die langen Jahre des Studiums und ein anschließendes Probejahr
in der Gemeinde, da sind die zwei bis drei Jahre Noviziat
im Orden, in denen die Berufung einer genauen Beobach-
tung ausgesetzt ist. Während früher die jungen Menschen
nach der Ausbildung bzw. nach dem Abitur eintraten,
kommen heute Kandidaten, die bereits in Beruf und Karriere standen. Sie sind um die dreißig Jahre jung und haben
daher bereits Erfahrungen und Abklärungen hinter sich.
Dennoch bedarf es auch hier einer geduldigen Prüfung:
Welches sind die Motive für diese Berufswahl? Gibt es ver-

borgene seelische oder geistige Krankheiten? Steht dieser Mensch mit beiden Füßen auf dem Boden der Welt? Ist er konfliktfähig, liebesfähig und verzichtsfähig?

Als in Amerika eine Flut von Verurteilungen pädophiler Priester das Land überschwemmte, stand auch die Frage im Raum: Wie kann ein Bischof solche Leute weihen? Nun ist auch ein Bischof kein Hellseher. Diese Vorfälle zeigen aber, wie wichtig es ist, die Voraussetzungen für das Auflegen der Hände besser in Augenschein zu nehmen. Sünder sind wir alle. Doch das ist kein Freibrief für jede Amtsübertragung. Auch im staatlichen oder städtischen Bereich gilt es, sich Vorleben und Vorlieben eines Bewerbers anzuschauen. Zu viele aus der alten DDR-Seilschaft sind wieder am Zuge.

Es folgt dann noch ein nützlicher Rat für den kränkelnden Timo. Offenbar gab es Superfromme, die meinten, sich an Speise und Trank gewisse Verzichte auferlegen zu müssen, was Paulus vehement ablehnt (vgl. 1. Tim 4,1–5). So legt er ihm nahe, sich selbst Gutes zu tun und Wein zu trinken. Und weil der Wein eine Gabe Gottes ist, darf sich Timo guten Gewissens ein paar Gläschen gönnen.

40. SICH VOR DER GELDGIER HÜTEN

„Jene, die danach trachten, reich zu werden, geraten in Versuchung und Fallstricke und in viele törichte und schädliche Lüste ... Denn die Wurzel allen Übels ist die Geldgier ..." (1. Tim 6,9 f.)

Der Unmut des Volkes angesichts überhöhter Gehälter und Millionenabfindungen ist durchaus keine Neiddiskussion, sondern angebracht. Wenn man die Lebensweisen der Superreichen anschaut, werden die Fallstricke, in die sie geraten sind, offenkundig. Nur wenige schaffen es, maßvoll und klug mit ihrem Besitz umzugehen. So mancher, der plötzlich im Lotto gewonnen hat, fand sich schnell als verarmter Looser wieder. Er hatte geprasst, verschwendet, verspielt. In jedem Märchen würde er zum Teufel geschickt.

Andere bekommen den Hals nicht voll genug und verlangen für ihre Auftritte oder Vorträge horrende Summen, die dann leider auch bezahlt werden, weil der Gastgeber der Eitelkeit und der Gast der Habgier verfallen ist.

Ein Immobilienhai aus Wien schmückt sich alle Jahre mit neuen busenüppigen Stars. Und viele Trittbrettfahrer feiern ihn. Neureiche russische Ölmillionäre überrennen Nobelhotels der feinsten Sorte und vergraulen mir ihrem prolligen Gehabe alteingesessene Gäste, sodass jetzt die Hotelbetreiber gute Gründe suchen müssen, die geldgebenden Russen draußen zu halten. Denn einerseits lockt das schnelle Geld, andererseits droht der Verlust der gut situierten Stammgäste. Ob einer Kaviar per Aviar von Moskau nach Genf kommen lässt oder gerade mal für zwanzig Millionen Euro einen Trip ins All mitmacht, die Torheit solcher Verschwendung spricht für sich.

Gewiss dürfen wir Leute wie Bill Gates oder Warren Buffett nicht vergessen, die sehr viel Gutes tun und verantwortlich mit Geld umgehen können.

Die Gefahren eines zu dicken Kontos liegen auf der Hand. Und die Erfahrung zeigt: Je mehr einer hat, desto weniger gibt er in Relation zu seinem Besitz. Dabei ist das Gutha-ben des Gutseins vor Gott wichtiger …

Ich spiele gelegentlich auch Lotto. Ich würde das meiste den Armen geben, jenen, die von ihrer Rente nicht leben und nicht sterben können. Würde ich. Ganz bestimmt. Wenn ich gewinne. Wenn.

41. DEM SÄMANN GEBEN, WORAUF ER ALS ERSTER EIN ANRECHT HAT

„Der Landmann, der sich abgeplagt hat, hat das erste Anrecht auf den Ertrag an Früchten." (2. Tim 2,6)

Paulus benutzt das Bild des Bauern, der von seinen Früchten zuerst essen darf, und bezieht es auf Timotheus, der als Missionar das Recht hat, die geistlichen Früchte zu genießen. Es sind die Früchte des Heiligen Geistes, worunter auch die Gastfreundschaft fällt. Er darf also guten Gewissens das Wohlwollen der Leute annehmen und nach den Strapazen seiner Reisen – heute würde man sagen: „Timo on Tour" – sich bedienen lassen.

Weil Neider das Gerücht in die Welt setzten, Paulus sei ein Schmarotzer, der nur herumpredige, nichts verdiene und es sich auf Kosten anderer gut gehen lasse, betont er das Recht auf Gastfreundschaft: Wer am Altar dient, soll vom Altar leben. Das bedeutet:

Wer kostenlos die Menschen unterrichtet und ihnen die Botschaft Gottes bringt, wer sie kostenlos heilt, darf das Entgegenkommen der Menschen dankbar annehmen.

In unserem Land gibt es die Kirchensteuer, von der unter anderem die Pfarrer und das kirchliche Personal bezahlt werden. Ausgenommen sind die Ordensleute; sie erhalten aus der Kirchensteuer keinen Cent. Deshalb sind sie auf Spenden angewiesen, sofern die Einkommen aus ihrer Arbeit nicht reichen. So sind heute viele Ordensleute als Pfarrer oder in weltlichen Berufen tätig (Psychotherapeut, Lehrer, Bildungsreferent, Management ...), damit ihre Gemeinschaft überleben kann.

In der Aussage des Paulus kann man aber auch eine ganz profane Botschaft erkennen: Der Landwirt, der Kartoffeln, Gemüse, Hopfen oder Milch und Getreide produziert, erhält oftmals den kleinsten Teil vom Kuchen. Die Preise werden vorne gedrückt und hinten verteuert, d.h. der Erzeuger erhält zu wenig, der Konsument bezahlt zu viel. Den Reibach machen die Zwischenhändler und der Staat.

Hinzu kommen mitunter bürokratische Auflagen und teure Modernisierungen, die der Landwirt kaum auf die Preise umlegen kann, weil er dann im Konkurrenzdruck der großen Produktionsbetriebe nicht mehr mithalten kann.

Oder die Endpreise sind zu niedrig, um überhaupt einen Gewinn abwerfen zu können, und der Landwirt hat nichts von seinen Früchten. Er hat sich zwar abgeplagt, hat aber als Letzter Anrecht auf den Ertrag. Da kann er ja gleich alles verschenken. Weil das den Ruin bedeutet, wird er seine Früchte lieber vernichten, um somit den Preis wieder hochtreiben zu können. Das ist eine Form der Überlebensstrategie. Andere nennen das Anpassung an die marktwirtschaftlichen Bedürfnisse.

42. MANCHMAL MUSS MAN ROSS
UND REITER NENNEN

„Meide unheiliges leeres Geschwätz. Denn immer mehr werden sie der Gottlosigkeit verfallen und ihre Lehre wird wie ein Krebsgeschwür um sich fressen. Zu ihnen gehören Hymenäus und Philetus, die von der Wahrheit abgewichen sind ... Sie verwirren den Glauben." (2. Tim 2,16–18)

Da wird einer aber sehr deutlich. Heute würde man in den Medien die Gesichter der Angeklagten unkenntlich machen, ihre Namen nicht nennen, zu detaillierte Angaben meiden und so eine gewisse Anonymität wahren. Andererseits gibt es auch die ungeschönte Variante: die schonungslose Veröffentlichung aller Details.

Wenn Gefahr im Verzug ist oder eine Information für das öffentliche Interesse notwendig erscheint, müssen Ross und Reiter genannt werden.

Paulus nennt die Namen der Verwirrer. Sie ziehen durchs Land und behaupten, die Auferstehung sei schon geschehen. Für Griechen war die Sache mit der Auferstehung schwer verdaulich; möglicherweise legten Hymenäus und Philetus sie auf geistige Weise aus (z.B. in der Taufe vollziehe sich Auferstehung), nicht als wahrhaft körperlichen Vorgang.

Für uns heute sind derartige Glaubensstreitigkeiten normal. In den Medien wird viel Unsinn verzapft; und zahlreiche Autoren, darunter auch Theologen, legen sich mit der kirchlichen Lehre an. Man könnte zur Tagesordnung übergehen, wenn da nicht manchmal eine zu starke Verwirrung entstehen würde und die Bürger nach Aufklärung verlangten.

Weil es immer wieder neue und abstruse Lehren gibt, die gewisse Leute im Namen Gottes verbreiten, sind kirchliche (und im Hinblick auf Scientology auch staatliche) Informationszentren entstanden, die solche Lehren prüfen. So kann sich jeder Bürger bei den Zentralen für weltanschauliche Fragen, die jedes Bundesland und jedes Bistum hat, Informationen holen.

Tatsächlich gibt es gefährliche Wirrköpfe, deren Gedanken mehr spalten als einen, mehr verwirren als klären, mehr fundamentalistisch als fundiert sind.

Ich erinnere an die langen Auseinandersetzungen der Bischofskonferenz mit dem Engelwerk, eine inzwischen wieder vergessene Story. Unter Berufung auf private Offenbarungen schuf Gabriele Bitterlich eine fromme Gemeinschaft, die sich Engelwerk nennt und gnostisch-kabbalistische Elemente in ihrer Lehre aufweist. Da werden Hunderten von Engeln und Dämonen bestimmte Wirkungsbereiche zugeordnet; es werden Sonderpraktiken angewandt, vor allem Geheimhaltung der Namensliste.

Die Kritik an der Lehre solcher Personen betrifft nicht die Person selbst. Dort sind nicht mehr und nicht weniger anständige Menschen als außerhalb auch. Es geht um die Sache. Und die muss sich einer Prüfung unterziehen, was solche Gruppen nur ungern über sich ergehen lassen.

43. DIE ZEICHEN DER ENDZEIT ERKENNEN

„Das magst du wissen, dass in den letzten Tagen schlimme Zeiten hereinbrechen werden. Die Menschen werden selbstsüchtig sein, geldgierig, hochmütig, rachsüchtig, den Eltern ungehorsam, undankbar, gottlos, lieblos, verleumderisch, zügellos ... vergnügungssüchtig ..." (2. Tim 3,1–4)

Die Apostel glaubten an eine bevorstehende Endzeit und warnten die Menschen davor. Paulus meinte sogar, dass einige den Tod nicht erleben würden, weil Jesus vorher wiederkomme. So zählt er alle möglichen Symptome auf, die auf ein baldiges Ende hinweisen; denn Jesus selbst hat derartige Zeichen genannt (Matth 24,4 ff.).

Nun wissen wir, dass die Warnungen Jesu auch anders zu verstehen sind; die oben aufgezählten Verhaltensweisen waren und sind nämlich immer aktuell. Man gewinnt jedoch den Eindruck, dass sie derzeit besonders heftig auftreten und somit deutlicher denn je auf eine baldige Wiederkunft Jesu hindeuten.

„Bald" kann ein relativer Begriff sein, sind bei Gott tausend Jahre doch wie ein Tag (2. Petr 3,8).

Es gilt vielmehr, in der Gegenwart wachsam zu sein, da die „Endzeit" für jeden Menschen mit dem Tod kommt. Die Botschaften der Bibel sind oftmals im doppelten Sinn zu verstehen: kollektiv und individuell, zukünftig und doch schon gegenwärtig, historisch und bildhaft. Endzeit ist immer jetzt. Und wir sind angesprochen.

Die aufgezählten Untugenden treffen ohne Abstriche auf unsere Zeit zu. Die Frage ist: Wo stehe ich?

Nun gab es immer schon Böses in der Welt. Durch die Medien kann es sich besser verbreiten und erweckt den Eindruck einer Allgegenwart. Allerdings sollten wir uns nicht in falscher Sicherheit wiegen, denn die Machenschaften des Bösen haben zweifellos an Intensität und Quantität zugenommen: Terror, Amok, Entführungen, Brandstiftungen, Kriege und mafiöse Wirtschaftsstrukturen sind an der Tagesordnung, einschließlich der katastrophalen Folgen einer ausbeuterischen, habgierigen Umweltpolitik.

Geht der Glaube verloren, treten Magie und Aberglaube auf den Plan; geht die Liebe verloren, kommt es zu billigen Ersatzformen in der Vergnügungssucht und in der Machtgier; geht der Sinn des Lebens verloren, folgt der Unsinn. Tatsächlich haben wir allen Grund aufzupassen und umzukehren, denn wir haben nur noch eine kleine Lebensspanne und dann kommt unsere ganz persönliche Endzeit. Zeit für eine Zwischenbilanz.

44. WER GLÄUBIG IST, MUSS MIT GEGNERN RECHNEN

„Was für Verfolgungen habe ich schon erdulden müssen!
Und aus allem errettete mich der Herr. Und alle, die in Je-
sus Christus ein frommes Leben führen wollen, werden
Verfolgungen leiden." (2. Tim 3,11 f.)

Die jüngste Umfrage der Bertelsmann-Stiftung (Weihnachten 2007) ergab ein aufschlussreiches Ergebnis:
Demnach sind 70% der Deutschen religiös, davon 28% tief
religiös. Befragt wurden 20.000 Menschen in 21 Ländern.
Die Jugendlichen sind engagierter und weniger skeptisch
als die Erwachsenen. Religiosität boomt wieder, nur bleibt
die Frage: Wie wird hier Religiosität definiert? Und was bedeutet bei Paulus „frommes Leben"?
Feststeht, dass andersgläubige Menschen immer noch in
gewissen Ländern verfolgt werden. Vor allem sind es radikale Moslems und Hindus, die Christen verfolgen. Warum
tun die das?
Die Motive sind unterschiedlich: Eifersucht, Fanatismus,
Auserwählungsbewusstsein, Rache, missverstandener Ap-
pell zur Missionierung, Angst vor Machtverlust.
Aber wir müssen gar nicht von blutigen Verfolgungen im
großen Ausmaß sprechen; es gibt die vielen, unbekannten
Sticheleien und Verspottungen in den eigenen Gemeinden.
Ein 14-jähriger Junge erzählte mir, dass er Ministrant ist ge-
gen den Willen seiner Eltern. Diese wollen von Gott und
Kirche nichts wissen. Er hingegen verlässt morgens in aller
Frühe das Haus – mehr heimlich – und geht zum Gottes-
dienst. Immer wieder handelt er sich dafür eine familiäre
Auseinandersetzung ein.
Eine Mitarbeiterin in einem Großbüro wird von einer Kol-
legin dauerhaft „angemacht" und mit subtilen spöttischen
Bemerkungen gereizt. „In die Kirche rennen, gell, aber kei-
ne Kritik vertragen." – „Nach Lourdes wallfahren und be-

ten wie die Weltmeister. Aber dann hier Stunk machen wegen ein paar Lächerlichkeiten."– „Dein ganzes Beten und frommes Getue wird dir auch nicht helfen."

Mag sein, dass diese gläubige Frau sich ungeschickt im Betrieb verhält und die Kollegin aus einer Kränkung heraus Rache nehmen will. Und was bietet sich da besser an, als die Glaubenspraxis des anderen lächerlich zu machen?

Mein Geografielehrer war nicht kirchenfreundlich. Da er wusste, dass ich Priester werden wollte, rief er einmal: „Pfaffe, an die Tafel!" Und als ich den Baumwollgürtel (Cotton-Belt) Amerikas nicht genau zeigen konnte, sagte er: „Setzen. Sechs. Müller, Sie sollten mehr lernen und weniger beten!" Was er nicht wusste: Ich tat beides zu wenig. Christenverfolgung? Bei uns, nein. Nur kleine Sticheleien, gell?

45. KONSEQUENT UND GEDULDIG ZURECHTWEISEN

„Verkündige das Wort – gelegen oder ungelegen –, rede ins Gewissen, ermahne mit aller Geduld und Weisheit. Denn es wird eine Zeit kommen, in der die Menschen die gesunde Lehre nicht ertragen mögen, sondern nach ihrem eigenen Gelüste sich Lehren suchen, weil sie nach Ohrenkitzel verlangen." (2. Tim 4,2 f.)

Von jeher haben Menschen dazu geneigt, schöne und angenehme Dinge zu hören, selbst wenn sie falsch sind. So kommt es auch, dass man lieber dem nachläuft, der das Glück auf Erden verspricht oder eine Form von Selbsterlösung anbietet. Schmeicheleien kommen immer gut an. Die Frage ist nur: Wie ehrlich sind sie?
Wer die falschen Lehren durchschaut, hat Verantwortung: Er ist aufgefordert, darauf hinzuweisen, auch dann, wenn es keinem schmeckt. „Gelegen oder ungelegen" kann bedeuten, dass die Hörenden keine Lust haben oder dass der Mahnende sich drückt, aus welchen Gründen auch immer. Mit Geduld und Weisheit soll ermahnt werden. Daran mangelt es oft. Bei mir auch. Hat einer erkannt, wie verdreht oder gefährlich eine Lehre ist, wird sein Gewissen ihn zum Handeln treiben. Wer da zur Ungeduld neigt, hat schlechte Karten. Das weiß ich aus eigener Erfahrung.
Wer ein fundiertes Glaubenswissen hat und den Glauben lebt, läuft weniger Gefahr, sich verleiten zu lassen. Deshalb ist ein guter Unterricht wichtig. Ansonsten wird der Halbwissende und Laue schnell zum Spielball wechselnder Launen und diverser Ohrenkitzel. Das ist unsere heutige Situation: Immer mehr Menschen wissen immer weniger über den Glauben, die Bibel und die Lehre Jesu, werden offen für beliebige Ideen, wenn sie nur angenehm sind.
„Lasst euch nicht von der Kirche einreden, ein Mensch könne sein Ziel verfehlen und gar in die Hölle kommen. Das

ist eine Erfindung der Pfaffen. Einen solchen kleinlichen Gott gibt es nicht." – „Gott schuf den Körper; also kann er nicht schlecht sein. Deshalb ist die Sexualität keine Sünde. Und wenn ihr liebt, darf jeder mit jedem, das entspricht der Natur." Solche Gedanken sind gefährlich, weil sie ein bisschen Wahrheit in die Lüge mischen und weil das Kausaldenken falsch ist.

Mein Anliegen als Priester, Lehrer und Buchautor ist es, die christlichen Lehren unverfälscht zu vermitteln und nicht durch Weglassen oder Hinzufügen von Details Verwirrung zu stiften. Deshalb gibt es kein Buch, keinen Vortrag und keinen Unterricht, dem nicht ein Gebet zum Heiligen Geist vorausgeht. Ich empfehle allen, besonders den Politikern, Dozenten und Lehrpersonen, das tägliche Gebet der Pfingstsequenz: „Komm o Geist der Heiligkeit …"

Denn ohne ihn sind wir gefährdet.

46. MIT DEM WISSEN WIEDER VON VORNE ANFANGEN

„Denn während ihr der Zeit nach Lehrer sein solltet, habt ihr nötig, dass man euch wieder die Anfangsgründe der Offenbarungsworte Gottes lehre, und ihr seid dahin gekommen, dass ihr Milch braucht statt fester Nahrung." (Hebr 5,12)

So ist es: Im Lauf der Zeit werden viele Gläubige müde und bequem. Eine allmähliche Entfremdung findet statt, wobei infolge mangelnder Glaubenspraxis und Weiterbildung das Sachwissen verloren geht.

So vergleicht Paulus diesen Bildungsverlust mit dem verloren gegangenen Biss: Da wird die feste Kost zu schwer, und der Mensch kann nur noch flüssige Nahrung aufnehmen.

Heutzutage kann man hierzulande das religiöse Wissen (Bibelkenntnis, Kenntnisse der Geschichte, der christlichen Lehren) nur noch rudimentär abrufen; die jungen Menschen werden auch zu Hause in ihren Familien nicht mehr religiös geformt. Traditionen, Brauchtum, Gebete, Rituale und Zeichen sind aus dem Blickfeld gerutscht; jeder Priester merkt die wachsende Hilflosigkeit und Unkenntnis vieler Kirchenbesucher, wenn sie auf Gebetsrufe antworten sollen. Man wird wohl einen Posten für Animateure einräumen müssen …

Gleichzeitig entstehen neue Riten oder liturgieähnliche Feierstunden, die den ganzen Menschen ergreifen und erfüllen: Im Fußballstadion erleben wir diesen Gottesdienstersatz. Da wird der Kreuzträger durch den Fahnenträger ersetzt, dann folgen die Ministranten (Fußballer), dann der Pfarrer (Schiedsrichter). Das Volk singt und jubelt. Zum Auszug erheben sich alle, singen ein festliches Lied (Nationalhymne) und dann begibt sich alles in die benachbarte Kneipe. Wie im richtigen Leben. Wozu also noch Kirchgang?

Paulus klagt über den Schwund an Weisheit. In den Quizsendungen mit Günther Jauch oder Jörg Pilawa erleben wir bisweilen Sternstunden des Wissens; dann wieder folgen so banale Fragen wie „Wie hieß das erste Ehepaar in der Bibel?" oder „Was wird an Christi Himmelfahrt gefeiert?" und die Antwort bleibt aus.

Wir sollten glücklich sein, wenn heute der Durchschnittschrist auf die zweite Frage antwortet: „An Himmelfahrt wird Vatertag gefeiert."

Wem jedoch zu Ostern nicht anderes mehr einfällt als Ostermarsch und Ostereier und wer Weihnachten für eine Erfindung der Konsumgesellschaft hält (so kürzlich die Antwort eines 17-jährigen Schülers), dem schmeckt selbst die Milch nicht mehr; der braucht wahrscheinlich Cornflakes.

47. DIE IDEE EINER REINKARNATION HINTERFRAGEN

„Es ist dem Menschen gesetzt, einmal zu sterben, und dann kommt das Gericht." (Hebr 9,27)

30% der Christen glauben an mehrfache irdische Wiedergeburten. Zugleich glauben sie an Ostern, sprich: an die Auferstehung des Leibes. Wie passt das zusammen? Die östliche Lehre der Reinkarnation stellt eine Selbsterlösung dar, indem durch wiederholtes Erdenleben die Sünden allmählich abgebüßt werden bis zum endgültigen Löschen aller Bedürfnisse. Dann kommt das Nichts.

Nun hat Jesus das Karma aller stellvertretend abgetragen; wir müssen also nicht noch einmal das Drama wiederholen. Darin liegt die erlösende Botschaft Jesu. Weiß das keiner?

Ganz abgefeimte Fans behaupten sogar, die Reinkarnations-Lehre stünde in der Bibel und die Kirche habe sie rausradiert. Na super. Nur es stimmt nicht. Im Gegenteil: Jesus selbst hat derartige Gedanken weit abgewiesen, z.B. bei der Frage einiger Jünger über die Ursache der Erkrankungen beim Blindgeborenen: „Hat er gesündigt, dass er blind geboren wurde?" Antwort: Nein.

Oder die Aussage, Johannes der Täufer sei der wiedergeborene Prophet Elias. So jedenfalls sagt es Jesus. Er meinte damit nicht die Reinkarnation des Elias, sondern die Wiederholung des Auftrags, den Elias hatte und den nun Johannes fortsetzen sollte. Denn als Johannes befragt wurde, ob er Elias sei, sagte er: Nein.

Es machte auch keinen Sinn, wenn Tod und Auferstehung Jesu mit der Reinkarnation kompatibel wären. Eine Vermischung beider wäre die Quadratur des Kreuzes. Ich jedenfalls hege nicht den Wunsch, noch einmal nach Freising zu kommen (wegen der dritten Startbahn, Sie verstehen).

Nun ist es sicher keine schlimme Häresie, wenn jemand als Christ Anleihe macht beim buddhistischen Gedankengut. Er wird es schon noch früh genug erfahren, dass mit dem Tod Ende der Durchsage ist. Und es wird ihn hoffentlich freuen. Und was die tollen Geschichten derer betrifft, die schon einmal im Mittelalter Prinz, Königin und Ritter waren, so darf der Wahrheitsgehalt getrost infrage gestellt werden. Zwanzig Befragte gaben in einer zweiten Hypnose zu, dass sie die Geschichte gelesen, gehört, als Film gesehen haben. Mich wunderte immer, wieso noch keiner gesagt hat, er wäre ein Knecht, eine Magd, ein einfacher Schuster gewesen. Aber die Prinzenrolle schmeckt ja auch viel besser.

Warum nur klammern sich so viele Leute an die Reinkarnation? Was hat sie denn an Attraktion zu bieten? Vielleicht dies: Ich habe endlich eine Erklärung für mein Leid in diesem Leben. Ich brauche keinen Gott, um erlöst zu werden, ich kann das selbst. Und eine Hölle gibt es nicht, da alles nur nach oben strebt.

Wenn das mal gut geht!

48. DU SOLLST ERZIEHEN UND NICHT SCHLAGEN

„Wen der Herr liebt, den züchtigt er. Er schlägt jeden, den er annimmt. ... Denn wo wäre ein Sohn, den der Vater nicht erzieht?" (Hebr 12,6 f.)

Es ist eine unselige Tatsache, dass der griechische Begriff paideuo in der Heiligen Schrift ausnahmslos mit bestrafen oder gar schlagen übersetzt wird. Denn paideuo (das Wort Pädagogik stammt daher) bedeutet vor allem: erziehen, zurechtweisen, lehren, mahnen, züchtigen. Und züchtigen ist nicht gleichzusetzen mit schlagen; dafür gibt es ein anderes Wort.

Damals (wie auch heute in islamischen Ländern) kannte man die Prügelstrafe und die Steinigung; vielen galt Gott als ein Gott, der schlägt, straft, vernichtet. Ganz so, wie sie selbst erzogen worden waren.

Jesus hat ein anderes Bild von seinem Vater gezeichnet. Es geht in der Erziehung des Menschen durch Gott nicht um körperliche Gewaltanwendung, sondern um liebevolles Ansichziehen. Ebenso sollen wir unsere Kinder erziehen: durch Mahnen, Vorleben, Zurechtweisen, Tadeln, Lehren. Ein Kind sollte nie geschlagen werden, weil es diesen Angriff auf seinen Körper als Demütigung und Ablehnung seiner Person empfindet.

Man kann also den paulinischen Satz oben auch so übersetzen: Wen Gott liebt, den zieht er an sich.

Wir sprechen von Schicksalsschlägen. In diesem Sinn lässt sich von göttlichen Schlägen durchaus sprechen. Auch Paulus spricht von einem Engel des Satans, der ihn schlägt. Damit sind keine Ohrfeigen oder Fausthiebe gemeint, sondern er meint es im übertragenen Sinn.

Eine gute Erziehung kommt ohne Gewaltanwendung aus. Denn diese aggressive Form wenden Erzieher erst dann an, wenn sie keine Worte mehr haben und ihnen die Geduld platzt. Gott hingegen braucht keine Gewaltanwendung; wenn der Mensch nicht hört, überlässt ihn Gott sich selbst (Ps 81,13).

Die Handgreiflichkeit Jesu im Tempelvorhof betraf keinen Menschen, sondern die Tische der Geldwechsler und die Sitze der Taubenverkäufer (Matth 21,12). Er schlug die Verkäufer nicht. Hingegen nahm er Schläge bei seiner Verhaftung und Folterung in Kauf, ohne zurückzuschlagen.

Es wird sie immer geben: Fromme Menschen, die im Namen Gottes andere schlagen und mit gewaltigen Zuchtmitteln auf den rechten Weg zwingen. Ich glaube nicht, dass Gott dies will.

49. MIT DER EIFERSUCHT DER EIGENEN LEUTE RECHNEN

„Als die Juden diese Menge (die kam, um Paulus zu hören) sahen, wurden sie eifersüchtig und widersprachen den Worten des Paulus und stießen Schmähungen aus ... (Sie) hetzten vornehme, gottesfürchtige Frauen und angesehene Männer der Stadt auf ... und vertrieben Paulus und Barnabas aus ihrem Gebiet." (Apg 13,45+50)

Statt sich zu freuen über den Erfolg ihres Landsmannes und Glaubensbruders, nagt die Eifersucht im Herzen dieser Juden. Sie hätten auch gern solche Massen im Gefolge, doch ist es ihnen nicht beschieden. Jetzt erkennen sie voller Neid, wie Paulus und sein Begleiter Barnabas die Menschenmenge mit ihrer Botschaft anziehen. Sie hetzten andere gegen sie auf, sodass die beiden Straßenmissionare ihr Gebiet verlassen und sich den Heiden zuwenden.

Über die Gründe dieser Menschenaufläufe wird nichts berichtet. Offenbar haben die Worte des Paulus Begeisterung ausgelöst; denn er sprach von der Auferstehung der Toten, von der nachösterlichen Erscheinung Jesu, von der Vergebung der Sünden für jeden, der glaubt. Es waren Juden, die ihn baten, seine Auftritte fortzusetzen. Und es waren Juden, die ihn schmähten. So zeigt sich erneut, dass auch die Gegner aus den eigenen Reihen kommen können, was umso schlimmer war, da sie sich selbst für religiöse Eiferer hielten. Heute beobachten wir solche Phänomene bei den unterschiedlichen Strömungen im Islam: Da bekämpfen die einen, die sich für Auserwählte Allahs halten, die anderen, die den Koran liberaler auslegen.

Oder Christen beschweren sich beim Bischof über irgendwelche liturgischen Eigenarten ihres Pfarrers, ohne zuerst mit diesem gesprochen zu haben. Denunziationen frommer Leute sind leider Realität. Vielleicht ärgert es sie, dass dieser „moderne" Pfarrer einen so guten Zuspruch erfährt, während sich der konservative Teil der Gemeinde in seinen Texten und Gestaltungen nicht wiederfindet.

Hier bei Paulus geht es um handfeste Glaubenslehren, nicht um Äußerlichkeiten.

Wenn unter geistlich tätigen Menschen Neid aufkommt, spricht man von der Invidia clericalis. Gemeint ist die heimliche Missgunst dem erfolgreichen Mitbruder gegenüber, von dem man vermutet, dass er die Mitglieder fremder Gemeinden rüberzieht in die eigene.

Ich habe Verständnis für dieses Gefühl; ist es doch dem Menschen zu eigen, Anerkennung für seine Mühen zu erhoffen. Leider aber sprach Gott nie vom Erfolg in unserer missionarischen Arbeit; er belohnt die Mühe. Und das auch erst nach unserem Tod. Eigentlich schade. Oder?

50. NICHT ÜBER SAKRAMENTALIEN LACHEN

„Gott wirkte durch Paulus ganz ungewöhnliche Wunder. Man legte sogar die Schweißtücher und Schürzen, die er getragen hatte, den Kranken auf. Die Krankheiten wichen von ihnen, und die bösen Geister fuhren aus." (Apg 19,11 f.)

Das klingt ja reichlich nach Magie. Oder? In Lourdes berühren die Pilger die Grotte der Erscheinung, in Medjugorje berühren die Italiener die Seher(innen) und in vielen Heilungsgottesdiensten legt man den Kranken geweihte Medaillen oder Reliquien von Heiligen auf. Ich selbst pflege bisweilen, dem Kranken die Stola auf die Schulter zu legen (das ist der schmale „Schal", den der Priester um seinen Hals trägt; es ist das Zeichen seiner priesterlichen Vollmacht). Beim Ritterschlag legt man das Schwert auf die linke und danach auf die rechte Schulter; es geschieht dann zwar keine Heilung, aber eine wirksame und ewig gültige Erhebung in den Ritterstand.

Was soll man von solchen Ritualen halten? Ich denke, es ist klug, lieber den Mund zu halten, als hierüber dümmlich zu lästern oder die Menschen der abergläubischen Handlung zu bezichtigen. Die Dinge liegen meistens anders, sagte schon Shakespeare: „Es gibt Dinge zwischen Himmel und Erde, die wir uns nicht in den kühnsten Träumen vorstellen können."

Die Apostelgeschichte berichtet hier über den ersten Fall sogenannter Kontaktheilung durch Paulus. Dass Jesus sich berühren ließ und die Menschen dadurch geheilt wurden, beunruhigt die Gemüter kaum. Dass dies aber bei einem normalen Menschen geschieht, erscheint doch sehr verwunderlich. Und dann noch so irdische Textilien wie Schweißtücher und Schürzen!

Kritiker würden jetzt sagen: Klarer Fall von Placeboeffekt. Dazu lautet meine Antwort: Na und? Wenn`s hilft.

Weltweit wird die sogenannte Wundertätige Medaille hoch verehrt und am Körper getragen. Es war der Wunsch der Gottesmutter, die der Nonne Katharina Labouré in Paris 1830 erschien und diese Medaille empfahl, verbunden mit der Zusage, dass jeder Gnaden empfängt, der sie glaubend trägt. Solche geweihten Gegenstände nennt man Sakramentalien (sakrare=heiligen).

Manche haben im Auto die Christophorus-Plakette; andere kleben sich lieber ein Hufeisen ans Armaturenbrett. Letzteres ist kein geweihter Gegenstand, eher die profane Variante einer Glückssehnsucht.

Wie auch immer: Wir Menschen suchen die Verbindung mit höheren Mächten; wobei letztlich nur Gott wirkt – auch durch Sakramentalien. So sind für den, der glaubt und sich an Gott hält, wundersame Dinge möglich, die sich dem menschlichen Verstand entziehen.

Gott hat eben Fantasie und sicher auch Humor.

51. KLUGE CHRISTEN KÖNNEN GESCHICKT UND MUTIG TAKTIEREN

„Da Paulus wusste, dass (im Gerichtssaal) der eine Teil Sadduzäer, der andere Pharisäer war, rief er in die Versammlung hinein: »Ich bin Pharisäer ... Wegen der Auferstehung der Toten stehe ich vor Gericht.«" (Apg 23,6)

Bingo. Das war ein geschickter Schachzug vor dem Gericht, das ihn wegen seines Glaubens an die Auferstehung der Toten anklagte. Man muss wissen, dass die Sadduzäer eine Auferstehung leugneten, während die Pharisäer daran glaubten. So entstand ein Tumult im Gerichtssaal, der zugunsten des Paulus endete. Der Richter ließ ihn zum eigenen Schutz aus dem Saal führen.

Ein Prozess gegen Paulus aufgrund solcher Lehren kann nicht mehr sachlich geführt werden, wenn unter den Klägern sowohl Verteidiger als auch Leugner der Auferstehung sind. Das hat Paulus gewusst und entsprechend agiert.

Mir fällt in diesem Zusammenhang ein, dass Jesus einmal gesagt hat: Macht euch keine Sorgen darüber, was ihr sagen sollt, wenn ihr wegen des Glaubens vor Gericht steht. Der Geist Gottes wird es euch eingeben. (Vgl. Matth 10,19 f.) Hier war es deutlich genug.

Paulus trat unerschrocken auf; unmittelbar vor dieser Aussage wollte der Hohepriester Hananias ihn schlagen lassen, weil Paulus sich keiner Schuld bewusst war. Da schleuderte Paulus diesem Vorsteher entgegen: „Gott wird dich schlagen, du getünchte Wand! Du sitzest da, um mich nach dem Gesetz zu richten, und lässt mich gegen das Gesetz schlagen."

Was für ein Mann! Kleinwüchsig, halbglatzig, bärtig und hochintelligent. Und dann hat er das, was viele Menschen nicht haben: Courage.

Ich vermisse oft bei besonders religiösen Menschen diesen

Mut in der Öffentlichkeit. Statt selbstbewusst und wehrhaft aufzutreten, schlucken sie den Frust herunter und halten die andere Wange hin, wobei sie diesen Satz Jesu vom Hinhalten der anderen Wange falsch verstanden haben.

Schlagfertigkeit ist eine biblische Tugend, die auch Jesus besaß. Er wusste, wie er mit Gegnern umzugehen hatte. Nicht immer greift die verbale Taktik; so empfiehlt die Heilige Schrift, bei Streitsüchtigen lieber zu schweigen, weil sie die Worte im Mund verdrehen, aber auf jeden Fall sich das Ansehen zu geben, das einem gebührt. Wer sich nie das Recht holt, das ihm zusteht, verliert am Ende die Selbstachtung. Lesen Sie mal nach im Buch Jesus Sirach die Kapitel 8 bis 11.

Gewiss: Es wird immer Leute geben, die sich persönlich angegriffen fühlen, wenn man eine Wahrheit ausspricht.

52. BEIM HEILUNGSGEBET AUCH MAL
DIE HÄNDE AUFLEGEN

„Der Vater des (Gastgebers) Publius lag an Fieber und Ruhr krank im Bett. Paulus ging hin, betete, legte ihm die Hände auf und machte ihn gesund. Darauf kamen auch die anderen Kranken der Insel herbei und wurden geheilt." (Apg 28,8 f.)

Wenn das doch immer so einfach gehen würde! Zweifellos besaß Paulus die Gabe der Heilung. Dennoch dürfen auch wir einem Menschen die Hände auflegen, wenn er es erlaubt. Denn nicht wir heilen, sondern Gott. Und wir müssen nicht einmal heilig sein, damit Gott wirken kann, wobei die Heiligkeit gewiss die bessere Voraussetzung bietet.

In unserem aufgeklärten Denken führen derartige Gaben nur ein Nischendasein; im Allgemeinen vertrauen wir eher der ärztlichen Kunst, den teuren Kuren und Medikamenten. Erst bei Aussichtslosigkeit aller menschlichen Bemühungen suchen wir verschämt und diskret irgendwelche Heiler auf, die das bewirken sollen, was unser Glaube nicht vermag.

Wenn dann süddeutsche Kräuterweiblein und Gesundbeter ihre Hände auflegen, ihre Gebete murmeln und tatsächlich eine Heilung erreichen, sind wir geneigt, die mittelbare Handlung Gottes skeptisch in den Hintergrund zu rücken.

Ich habe mehrfach Heilungen bei mir und anderen erlebt. In manchen Gemeinden werden Segnungsgottesdienste angeboten mit handauflegenden Heilungsgebeten. Sie sind gut besucht und gehören im Rahmen der Seelsorge zum geistlichen Angebot. Leider sind es eher Sonderangebote innerhalb charismatischer Gruppen.

Als ich in Moskau vor den Ärzten und Therapeuten über das Freisinger Modell (die von mir begründete Heilende Gemeinschaft im Pallottihaus Freising) sprach, baten mich die Ärzte im Anschluss daran um ein Heilungsgebet für sie selbst, und zwar für jeden Einzelnen mit Auflegung meiner Hände. Immerhin waren es 120 Personen. Also tat ich, um was man mich bat.

Dabei war eine Stationsärztin, die seit vielen Jahren eine heftige Schüttellähmung in der rechten Hand hatte. Ich glaubte nicht an eine Heilung, sprach aber aus Höflichkeit das Gebet. Unmittelbar danach war sie befreit. Bis heute. Das hat sich in Moskau rumgesprochen, sodass einige Anrufe kamen mit der Bitte um weitere Gebete.

Sogar der Abt des Klosters in Sagorsk lud mich ein. Darüber war ich so erschrocken, dass ich rasch nach Deutschland zurückflog. Was mich am meisten betroffen machte, war die Tatsache, dass Gott auch durch Menschen wirkt, deren Glaube schwach ist. Nicht ich, sondern die Ärztin glaubte. Dabei sehnt Gott sich nach Werkzeugen, die er zur Heilung benutzen kann.

Verwendete Bibelstellen (*entnommen aus: Die Bibel, Deutsche Ausgabe mit den Erläuterungen der Jerusalemer Bibel; Hrsg. von Diego Arenhoevel, Alfons Deissler, Anton Vögtle; © Verlag Herder, Freiburg im Breisgau, 17. Auflage 1983*)

Röm	1,8+16+22+25; 12,2+6–8+14+17+19+21; 14,1+4 f.
1. Kor	1,22–24; 2,14; 6,5 f.; 9,20–22; 13,12; 15,34
2. Kor	12,7
Gal	1,6 f.; 2,16+21; 4,9 f.
Eph	4,17–19; 5,5; 6,11+14–19
Phil	1,15+17; 3,2 f.
Kol	1,23 f.; 2,8+18; 3,11–13; 4,1+5 f.
1. Thess	2,4–7; 4,6; 5,2 f.+6+19–21
2. Thess	1,6–8; 3,14 f.
1. Tim	1,3 f.; 5,1 f.+22 f.; 6,9 f.
2. Tim	2,6+16–18; 3,1–4+11 f.; 4,2 f.
Hebr	5,12; 9,27; 12,6 f.
Apg	13,45+50; 19,11 f.; 23,6; 28,8 f.